人を活性化する経営

「バイオエネルギー理論」実践編

近藤宣之
香川　哲

ワニブックス
|PLUS|新書

まえがき

日本のバブル経済が崩壊したとき、株式会社日本レーザーも過酷な状況にありました。「再建は難しい」と判断され、金融機関に見放されたのです。倒産寸前のこの会社に、１９９４年、親会社から社長として出向になったのが、私、近藤宣之です（２００７年親会社から独立）。

あれからちょうど30年になります。この期間は日本経済において、失われた20年とも、30年とも言われてきた時代に重なります。

日本レーザーの経営も、順調であった時期など一度もありませんでした。それは、当社のビジネスモデルが深く関与しています。

日本レーザーは、世界中から最先端のレーザーや光学機器を輸入・販売する商社です。グローバル経済に身を置く企業はすべてそうですが、インフレや円安によって収益が圧迫されます。海外メーカーのＭ＆Ａ（企業の合併・買収）などによって、輸入販売総代理店権（商権）を失うことも、当社では毎年のように起こります。実際、この30年間で30社以上の商権を失いました。数年前に始めたセンサー事業も、社員たちのがんばりによって順調に売上をのばしてきたのですが、商権を失うことが決まり、昨年度20億円あったこの事業の売上が来年度にはゼロになる予定です。まさに、グローバルな戦国時代を生きているのです。

それでも当社では、私が再建社長に就任して以降、一度も赤字になることなく、黒字を維持してきました。

具体的な数字で話をすれば、当初の売上は約10億円で、従業員は役員も含めて30人でした。現在、役員とフルタイムの正社員の合計が65名、パートタイマーや契約社員、さらに業務請負契約をしているOBも含めれば総従業員数は75名で、昨年度の売上は約63億円でした。中小の輸入商社が、社員1人につき約1億円の売上がある、という計算になります。

では、再建会社というどん底から、どうやってここまで成長してきたのかといえば、

「社員の成長こそが、企業の成長」

と信じて、社員の雇用と育成を大切にしてきた結果です。人件費を「コスト」ではなく「投資」と捉え、社員の能力を最大化する仕組みづくりを徹底して行ってきました。とくに大事にしているのが、本書のタイトルである「人を活性化する経営」です。

では、日本レーザーでは「人を活性化する経営」をどのように行ってきたのでしょうか。

それは、「バイオエネルギー理論」を経営に活用することです。

私は20年間にわたって、バイオエネルギー理論の発明者である香川哲氏から学び、経営へ応用・実践してきました。

バイオエネルギー理論とは、人が内在するエネルギーを活性化することによって、その人が持つ能力を最大化するための方法論です。これを経営に応用すれば、社員は自ずと成長していきます。社員が成長すれば、会社も必ず発展するのです。

これまで、個々の社員を活性化するノウハウや、指導方針を深く知るための理論と実践方法は、ほとんど知られてきませんでした。しかし、バイオエネルギー理論を活用すれば、「人を活性化する経営」を行うことができ、「社員の成長こそが、会社の成長」というスローガンも実現できます。この理論を広く知らしめることは、時代の要請とも私は考えています。

「人を活性化する経営」とは、最近話題になっている「人的資本経営」の実践法とも重なります。今、どのようにすれば人的資本経営を行えるのか、悩んでいる経営者や人事担当者は多いと思います。私自身、バイオエネルギー理論を知らずにいれば、人的資本経営を行えていたかは不明です。

たとえば、多くの経営者は「社員のためになることを実行しよう」「社員のミスは正さなければならない」「未熟な社員は導くべき」と考えているでしょう。バイオエネルギー理論を学ぶ以前の私もそうでした。

しかし実は、自分が「よかれ」と思ってとった言動を、相手は批判されたと受け取り、エネルギーを不活性化させることは非常に多いものです。経営者自身がこのことに気づかない限り、社員の能力を最大化させることはできないのです。

反対に、経営者がそのことを理解し、今、目の前にいる社員のエネルギーを活性化させる方法を学んだならば、社員は必ず成長します。

日本が再び輝けるかどうかは、中小・中堅企業が成長し、生産性を向上させ、発展していけるかどうかにかかっています。日本の未来を築くのは、私たち、日本の全企業数のうち99・7パーセントを占める、中小・中堅企業350万人以上の経営者なのです。

社員の成長こそが企業の成長です。そのためには、会社のトップがまず変わることです。

経営者が変われば社員が変わり、会社全体が最良の状態に「進化成長」していくのです。

2023年8月

株式会社日本レーザー　代表取締役会長　近藤宣之

「編集部注」

※1　本書は、近藤宣之氏（株式会社日本レーザー代表取締役会長）と、香川哲氏（株式会社ベックスコーポレーション代表取締役会長）の共著です。香川氏が発明したバイオエネルギー理論を、近藤氏がいかにして日本レーザーの経営に応用していったかを示す実践本になります。そこで、**本文は主に近藤氏の一人称で進めていきますが、バイオエネルギー理論に関する記述はすべて香川氏が行っています。**

※2　「30年で30社以上の商権を失ったが、現在は売上約63億円を達成している」というビジネスモデルは、近藤氏自身が内在するエネルギーを活性化したことによって可能となったものです。人が内在するエネルギーは個々によって異なります。経営者が自分自身のエネルギーに即したビジネスモデルを築き、実行していくことが、業績の向上につながっていきます。では、どのようにビジネスモデルを築くとよいのでしょうか。このことを、日本レーザーという実例を見ながら、ぜひ探究していってほしいと願います。

※3　近藤氏が日本レーザーの経営にバイオエネルギー理論をどのように活用したか、より具体的に伝えていくため、本書では社員の了承を取ったうえで、その実例を紹介します。なお、社員の名前は、本人の了承を得てイニシャルで記しています。

序章

「バイオエネルギー理論」によって人的資本経営が可能になる

社員は「財産」「資本」と考える

どうすれば、人的資本経営が可能となるのか

2023年3月期決算以降、上場企業などを対象に「人的資本の情報開示」が義務づけられました。

現在、人的資本経営は、人事・労務部門だけでなく、企業経営の中で当たり前に取り組むべき喫緊《きっきん》の課題となっています。なお、開示が義務化されたのは上場企業に限定されていますが、いずれは中小企業にも求められるようになっていくはずです。

そうしたなかで、「どうすれば人的資本経営を行うことができるのか」「やらなければいけないのだろうが、方法がわからない」と苦慮している経営者は多いと思います。

実際、経営者を対象とした講演会では、

「社員一人ひとりと向きあう経営は大切だし、理想だが、実際には難しい」

という声がたびたび上がります。なかには、

「経営のカリスマである近藤さんの本をすべて読み、一つひとつマネしているのだが、どうにもうまくいかない」

と嘆かれる経営者までいます。

そこで本書では、私、近藤宣之が代表取締役会長を務める株式会社日本レーザーの実例をもとに、人的資本経営を実現させる方法論をお伝えしていきます。

「人を大切にする経営」と人的資本経営は異なる

日本レーザーは、第1回「日本でいちばん大切にしたい会社」大賞の「中小企業庁長官賞」を皮切りに、東京商工会議所第10回「勇気ある経営大賞」の大賞受賞などこれまで多くの賞を受賞してきました。

受賞理由の1つは、「社員をとことん大切にする経営」を行ってきたことがあります。

ただし、人を大切にする経営と人的資本経営は異なります。ここをまず区別して考える必要があります。

人を大切にする経営では、社内の人間関係にフォーカスします。相互の信頼を築きながら、コミュニケーションの改善や社員間の協力を重視し、組織内の人間関係を大切にしていくことが求められます。

一言で言うならば、

「社員とのコミュニケーションをまず大切にすること」

これが、人を大切にする経営の根幹となります。

中小企業では、会社をいわば「大家族」あるいは「疑似家族」のように表現することがよくあります。家族のように社員を大事に守り育んでいく。これも、人を大切にする経営が表現された姿といえます。

では、人を大切にする経営で、経営者に求められることは何でしょうか。

具体的には、社員が安心して働き続けられるように福利厚生を充実させ、働きに見合った給与を支払い、雇用を守ることです。働きやすい環境を整えて、よりよい企業風土を醸成していくことも重要です。こうしたことが経営者には求められます。

「社員に投資をする」が基本

一方の人的資本経営とは、どのようなことをいうのでしょうか。

人的資本経営は、「経営戦略」の1つとして組み込むべきことです。

まず、社員は「人材」ではなく、「人財」と考えます。これまでの日本企業は、社員を「人件費」「労務費」などのように「コスト」と見なしてきました。しかし、**人的資本経営では、社員を会社の「財産」であり「資本」**と捉えます。

そのため、社員の待遇改善や教育費の増大などは、「投資」という扱いになるのです。

では、人的資本経営において、経営者に求められるリーダーシップは何でしょうか。人財の能力やスキルを最大限に高めるため、戦略的な人事マネジメントを行うことです。経営の投資対象に、人財を真っ先に位置づけるのです。社員に投資することによって、その価値を最大化し、会社の成長につなげていきます。

一方で社員自身にも、自らキャリアパスを描き、学び、成長していくことを期待します。これが人的資本経営の基本となります。

バイオエネルギー理論によって人財を最大化する

「人を大切にする経営」と「人的資本経営」のハイブリッド

企業の持続的な成長のために、人的資本経営が重要であるという認識は世界に普及しています。ただ、日本の社会風土から考えて、欧米と同じように行ってもうまくはいかないはずです。経営戦略という視点のみで人的資本経営を行おうとすると、多くの問題が顕在化する可能性があります。日本社会は、人間関係をとかく重視するためです。

大事なのは、社員とのコミュニケーションを大切にする経営を行いつつ、経営戦略としての人的資本経営を行っていくこと。つまりは、「人を大切にする経営」と「人的資本経営」のハイブリッド型で実行することが、結果的に人的資本経営を可能とします。

一人ひとりと向き合うとは何か

ハイブリッド型の人的資本経営を行っていくうえで、最も重要となる考え方が、

「社員一人ひとりと向き合い、成長させていくこと」です。社員を資産と考えれば、資産を最大化させるのは経営者として当然の仕事です。

ただし、「一人ひとりと向き合う」とは、言葉で言うのは簡単で、実践は難しいのがこの一言です。ですが、1つの法則を学ぶことで、何をするとよいのか、鮮明に理解できるようになります。私も、この法則によって人的資本経営が可能となりました。

その法則こそが「バイオエネルギー理論」です。

まえがきでも話しましたが、私は20年間、株式会社ベックスコーポレーションの会長である香川氏からバイオエネルギー理論を学び、経営に活かしてきました。

バイオエネルギー理論は、香川氏が独自に発明したセルフマネジメントの方法論です。

香川氏は、経営コンサルタントとして起業して30年以上、このバイオエネルギー理論によって、延《の》べ5000人の経営者のセルフマネジメント教育を行ってきました。

バイオエネルギー理論については、第1章で説明しますが、まず簡単に話します。

人間は誰もが「バイオエネルギー」という生命エネルギーを内在しています。このエネルギーが人の基本的な気質や特性に影響を及ぼしている、とバイオエネルギー理論では考えます。一人ひとり考え方や感じ方が異なるのはエネルギーが違うためです。

エネルギーは、意識してコントロールしていくことで、活性化できます。これが成長につながります。反対に、エネルギーをコントロールできずに不活性化すると、その人の成長は止まり、マイナス思考にとらわれるようになります。

つまり、**バイオエネルギー理論で考えると、社員一人ひとりのエネルギーを正しく活性化させ、成長させていく方法が明確になる**のです。

「自分がしてほしいことを、人にやってはいけない」

社員一人ひとりと向き合う人的資本経営を行ううえで、経営者がまず心に留めておきたいのは、「自分のバイオエネルギーと社員のエネルギーは異なる」ということです。これを理解できると、次の言葉の重要性がわかってきます。

「自分が人からしてほしいと望むことを、人にやってはいけない。相手が望むことを確認して実行する」

これが、バイオエネルギー理論の1つ目の黄金ルールです。バイオエネルギー理論には、いくつもの黄金ルールがあります。それらを実践していくだけでも、自らのバイオエネルギーを活性化でき、周りによい影響を与えられるようになっていきます。

では、「自分が人からしてほしいと望むことを、人にやってはいけない」とは、どのような意味でしょうか。世間では、「自分が人からしてほしいと望むことを、人にもしてあげなさい」とよく言います。これは、キリスト教の黄金律でもあります。

しかし、バイオエネルギーは一人ひとり異なります。よって、当然のことながら、活性化する方法は違ってきます。自分のエネルギーを活性化する方法が、実は、相手のエネルギーを不活性化させてしまう方法となることは多いのです。

ところが多くの経営者は、相手が望んでいないことを「よかれ」と思い込んで押しつけています。それは逆作用を起こしやすく、社員の成長を止めることになるのです。

自分と社員は異なるエネルギーを持っていて、周りにやってほしいことも、成長のしかたも違う、と経営者が理解するところから、人的資本経営はスタートします。このように経営者自身や社員のバイオエネルギーを活性化させて経営に活かしていく方法を、バイオエネルギー理論では「人を活性化する人的資本経営」と呼びます。

経営者は「自分を知る」ことから始めよ

バイオエネルギー理論は人的資本経営の最高のツール

一人ひとりの社員と向き合うことが、人的資本経営の基本と考えると、社員数の少ない中小企業ほど、実行しやすいのは明らかです。

反対に社員数が1000人を超す大企業では、困難を極めることが予想できます。

ところが、大企業の経営者には「一人ひとりの社員に向き合い、育成していきたい」という人がいます。それは、どうすれば実践できるのでしょうか。顔も名前も覚えていない相手と向き合うことは、本当に可能なのでしょうか。

バイオエネルギー理論を経営に導入すれば、どのような規模の会社であっても、あるいはどのような業種であっても、それが可能になると考えられます。

人に内在するバイオエネルギーはそれぞれに異なりますが、大きく6つのタイプにわけてみることができるからです。

この6つのタイプさえ理解しておけば、社員一人ひとりの特性がだいたいわかってきます。また、エネルギーが活性化しているか、不活性の状態にあるかも評価できます。

それに従って、採用、人事、評価、社員教育を行っていくとよいのです。

経営トップが1人で社員全員と直接顔を合わせることが難しい大企業であっても、各部署のリーダーがバイオエネルギー理論を人的資本経営のツールとして活用できるようになれば、すそ野はどんどん広がります。

経営者が変われば、社員は自ずと変わる

繰り返しますが、人的資本経営では、経営者が一人ひとりと向き合うことが基本です。

ただし、それ以前にまず、経営者自身が行っておきたいことがあります。

「自分はどんな人間なのか」を明らかにすることです。

バイオエネルギー理論の2つ目の黄金ルールは、

「自分が変われば、周りが変わり、未来が変わる」

です。社員に成長してほしいと願うならば、社員をどうこうしようとする前に、自分

自身がまず変わることです。

ところが、多くの経営者は、「社員を成長させるためには、社員に対して何をするべきか」と真っ先に考えます。根本が違うのです。

経営者という組織のトップに立つ人間ほど、自分自身のエネルギーの特性を知らずして、社員を軽々しく変えようとしないことです。とくに、一人ひとりと向き合うことを意識すると、「こうしたら、この人はもっとよくなる」ということが見えてきます。それを、なんの覚悟もなく、言葉にして相手に伝えてはいけないのです。

たとえば、あなたが素晴らしいアドバイスを受けたとしても、アドバイスをした人がそれを実践できていなければ、「この人、自分ではできていないのに、なぜそんなことを言うのか」と、聞く耳を持てないものです。

自らのバイオエネルギーの特性を理解していないまま社員を指導することは、傍《はた》から見ると、この状態になっています。そうした状態で社員を変えようとすれば、相手にマイナスの感情を抱かせ、エネルギーを不活性化させることになります。

だからこそ、まずは経営者自身が自分のバイオエネルギーの特性を知り、活性化させる方法を、本書を通して学んでみてください。**経営者が変わり、活性化したエネルギーを社員に送り続けることができるようになれば、社員は自然と成長**していきます。すると、会社が変わり、未来が変わっていくのです。

「大切なこと」を社員の心に響かせるには

社員を軽々しく変えようとしてはいけない理由は、もう1つあります。

「こうあるべきだ」と相手を変えようとする行為そのものが、その人にとっては否定されたことになるからです。自分にその気がなかったとしても、「否定された」と相手に感じさせれば、「認められていない」「この会社に自分は必要なのか」と思わせることになります。悲しい、報われないというマイナスの感情は、エネルギーを不活性化させます。

この状態で大事なことを伝えても、相手には届かないのです。よって、社員の成長を願うならば、経営者がまず、自分のバイオエネルギーの特性を理解して、活性化させていくこと。経営者がプラスの状態であってこそ、その言葉は社員の心に響くのです。

経営者のエネルギーを「クレド」に込める

経営者の「夢」や「志」を明文化する

「中小企業は、社長第一主義が正しい」

というのが、私の考えです。社長第一主義とは、「経営方針は社長が決める」ということです。大企業になると株主の意向も強くなり、社長第一主義でいけないことが多くなりますが、中小企業は、社員の意見をよく聞いたうえで、最終的には社長第一主義でいったほうが経営はうまくいきます。

「どんな会社にしたいのか」「どんな事業をしていくのか」「社員にはどうあってほしいのか」など、会社の未来を描くのは、経営者の務めです。そうした**経営者の「夢」や「志」は明文化して、社員に周知徹底していく**ことです。

多くの経営者は、商品やサービスを売ることで業績が上がると考えます。しかし、私は違う考えを持ちます。社員が自分の提供する仕事、サービス、あるいは販売する商品に誇りを持ち、「これは素晴らしいものだから、買ったら必ずお客様にプラスになります」と確信を持って伝えてこそ、売上はのびていきます。**社員が経営者の「夢」や「志」を自分のものとし、誇りにできれば、経営者の熱いエネルギーが商品に込められ、他にない魅力となり、選ばれる理由になっていく**のです。

では、そうなるためには何が必要でしょうか。

経営者の「夢」や「志」を「クレド（Credo）」に表すことです。

「クレド」とは「働き方の契約」

クレドはラテン語で「志、約束、信条」という意味です。ビジネス上では「社員が心がける信条や行動指針」との意味で使われています。

簡単に言えば、経営者が社員に対して「こういう経営をする」と約束するものです。

一方、社員にとっては、「このように働く」という約束です。就業規則が「働く条件の契約」であるならば、クレドは「働き方の契約」です。

経営者の思いの方向性と強さは、そのまま経営に反映されます。ですから、クレドの文言に、経営者の活性化されたエネルギーを込めていくと、社員に経営者の志を共有していくことが可能となります。

そのクレドを周知徹底すれば、社員一人ひとりに経営者のプラスのエネルギーを浸透させていくことができます。それによって、社員に成長していく方向性を示せます。

日本レーザーのクレドは、私一人でほぼつくっています。日本レーザーが、親会社である株式会社日本電子から独立したあと、2007年に初めてクレドをつくり、巻末に掲載しているものは第5版（2024年1月付）です。「経営としての約束」が9項目、「社員としての約束」が5項目あります。ぜひご覧ください。

バイオエネルギー理論を土台にクレドを作成する

当社のクレドの基本となっているのが、

「社長第一主義であり、社員第一主義」

という考えです。中小企業は社長第一主義であることが大事と前述しましたが、社長第一主義は、同時に社員第一主義でなければならない、というのが私の考えです。経営方針は社員の声をよく聞いたうえで、社長が最終的に決めていくけれども、それは社員の成長と幸せを守るためです。もちろん、利益を上げることも税金を払うことも重要です。ただし、利益はあくまで雇用確保ための手段だと私は考えています。

こうした**私の夢と志が反映された日本レーザーのクレドの特徴は、バイオエネルギー理論を土台にしている**ことです。本書で紹介するバイオエネルギー理論の内容や黄金ルールが、日本レーザーのクレドにも取り入れられています。

とくに、「経営者としての約束」の「8．経営陣の決意」「9．経営者としての行動規範」はバイオエネルギー理論の教えそのままです。また、「社員としての約束」の「1．社員としての基本」は、私の第2数の「4」のエネルギーを活性化させる方法です。私のプラスのエネルギーを社員に浸透させ、会社を一枚岩にしています。

経営者の中にはクレドをどのように作成すればよいかわからない、という人が少なくありません。しかし、バイオエネルギー理論を学ぶと、どのようなことをクレドにすれば会社の発展と社員の進化成長につなげていけるかが、明確になります。

バイオエネルギー理論から経営方針を明確化する

バイオエネルギーには6つの種類がある

私が、社員一人ひとりを活性化する人的資本経営を行えているのは、バイオエネルギー理論を十分に理解していることが大きいと考えます。これを学んできたことで、自分自身のことも、約75名の社員のことも、より客観視できるようになりました。

また、活性化した自分のエネルギーをクレドの文言に表すことで、社員たちと同じ方向を向いて進むことが可能となっています。

バイオエネルギー理論は数字で表されるので、単純明快であることも、人的資本経営に導入しやすい利点です。

バイオエネルギーが大きく6つにわけられることは前述しましたが、それぞれのエネルギーは、1から6の数字で表されます。私たちは、誰もが3つのエネルギーの組み合わせを持っています。この3つの数字の組み合わせを「バイオナンバー」と呼びます。

バイオナンバーは、36通りあります。

その3つの数字の組み合わせは、「第1数」「第2数」「第3数」の順番で並びます。

このうち、エネルギーが最も大きく、その人に強く影響を及ぼしているのが第2数。バイオエネルギーの60パーセントを占めます。次に大きいのが第1数で30パーセント、第3数は10パーセントになります。

ですから、**バイオエネルギーの活性化のために、最も重要になるのは、第2数のバイオナンバー**となります。

バイオエネルギー理論では、この第2数をもとに、「1」の人、「2」の人、「3」の人、「4」の人、「5」の人、「6」の人とタイプわけをしています。このうち、私は「4」の人となります。

「4」は、周りからエネルギーを取り込み、蓄えていくパワーを持っています。収集し、蓄積するのが「4」のエネルギーの特性です。これを第2数に持つ人は、何事にも忍耐強く取り組み、事を成し遂げる力に優れています。そして、守りの力は天下一品。エネルギーが活性化していると、「人に奉仕したい」という気持ちが高まるのです。

しかも、私のバイオナンバーは「644」。「4」のエネルギーが70パーセントにもなります。こうしたバイオエネルギーの特性が、私の考え方や性格に加え、経営方針にも強く影響しているのです。

一般的に、経営者は市場やお金をまず見ます。右肩上がりの事業展望を持ち、高成長、高収益、高配当、高株価の会社になることを目標にし、それを企業価値と考えます。

しかし、私は市場やお金ではなく社員を見て経営をします。お金のために人を解雇することはしません。私が**会社を経営する目的は、雇用を守り、社員の成長を促すこと**だからです。利益は雇用を守るために必要なのであって、利益を上げること自体が目的ではないのです。私が経営者として大切に考えるのは、

「働くことで得られる喜びを社員に提供すること」

こうした思いで社員を活性化することは、私の「4」のエネルギーの役割でもあるのです。

バイオエネルギーの大きさ

※バイオナンバーが「644」の場合

▽

	第1数	第2数	第3数
	6	4	4
エネルギーの大きさ	2番目 30%	1番目 60%	3番目 10%

36通りのバイオナンバー

112	123	134	145	156	161
213	224	235	246	251	262
314	325	336	341	352	363
415	426	431	442	453	464
516	521	532	543	554	565
611	622	633	644	655	666

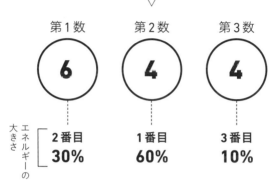

利益は経営の目的ではなく、雇用を守る手段

「赤字は犯罪」という覚悟

経営者として、私は社員に「生涯、雇用を守る」と宣言しています。とはいえ、利益が出なければ、そんなことも言っていられません。だからこそ、「赤字は犯罪」と常に肝に銘じています。

利益は雇用を生み、雇用は利益を生みます。大半の人は自分で雇用をつくれないのですから、雇用を確保するのは会社の役割です。日本レーザーで働くすべての人たちの雇用を守り、自己成長の機会を提供するためには、「赤字は犯罪」と強く意識し、世界情勢、円高・円安、インフレ・デフレなどの影響を受けたとしても、利益が出る仕組みをしっかりつくっています。クレドにも、

「JLC（日本レーザー）グループは、長期的にはJLCホールディング傘下に数社の企業を加えることで100億円（¥100/$）の年間売上を目指します」

という売上目標を明示しています。目的は「潰れない会社をつくる」「何があっても生涯雇用を守る」という覚悟を社員に示すためです。私にとって**利益は会社経営の目的ではありませんが、雇用を守る手段として、利益を出し続ける必要がある**のです。

コロナ禍、毎年10億円ずつ売上をのばした

私がバイオエネルギー理論を学び始めて約20年間、日本レーザーは売上をのばしてきました。まえがきでも伝えていますが、メール1本で海外メーカーとの取引を打ち切られ、そこで得ていた売上がゼロになることが毎年のように起こるので、売上を年計表にすると凸凹しています。ですが、トータルでは右肩上がりにのび続けています。

そこには社員たちのがんばりがあります。バイオエネルギー理論に基づき、経営陣が「人を活性化する人的資本経営」を行っている結果とも言えます。

実際、外的要因にも負けない体制は十分に整えてきました。

2020年に始まったコロナ禍では、社員たちを在宅勤務にしても業績は上がりました。コロナ禍以前は約40億円の売上でしたが、コロナ禍1年目に約48億円、2年目に約

56億円、昨年には約63億円と、毎年着実に売上をのばすことができました。

売上の1パーセントを社員教育に使う

人的資本経営では、社員の能力を最大化するための教育が求められます。

当社では以前から、売上の約1パーセントを教育研修予算にあててきました。今年の売上は昨年を超えず、約60億円辺りで落ち着く見込みです。そのうちの1パーセントといえば約6000万円。この金額をフルタイムで働く約65名の教育予算に使います。

「そんなに教育予算にかけて、経営は大丈夫なのか？」とよく聞かれますが、社員の成長は会社にとって投資です。**利益を上げ、雇用を守っていくには、社員を成長させるための投資が必要**なのです。

なお、お金をかけて行う教育は、主に次の2つです。

1つ目は、外部機関が運営する社外研修に派遣することです。「中堅社員向け」「幹部向け」「執行役員向け」「経営トップ向け」と4つの段階を設けて、計画的に社員を教育しています。

ベックスコーポレーションには、2つの教育を依頼しています。1つは、プレゼンやファシリテーション（会議やミーティングを円滑に進める技法）など実践的な技法を身につける「Mind×Action研修」です。日本レーザーでは中堅社員を対象に、現在、3分の1以上の社員が受けています。もう1つは、バイオエネルギー理論によるリーダー研修です。幹部（部長クラス）以上を派遣し、セルフマネジメントやリーダーシップを徹底して教育してもらっており、次代のリーダークラスを含めて10数人が1年間の研修を修了しています。

お金をかけて行う教育の2つ目は、海外出張・海外視察です。多くのレーザー商社は、1回の展示会につき派遣する社員数は2～3人ですが、当社では年に2、3回の海外の展示会に毎回、10名ほど出しています。海外出張には1人当たり1回につき50万～60万円の費用がかかりますが、できるだけ多くの人数を海外に行かせます。

女性事務員にも、当社では海外出張の機会を与えています。海外から戻ると視野が広がってモチベーションが高まり、社員が自発的に進化成長する一歩を踏み出すようになるのです。

第1章

「バイオエネルギー理論」と出会って、自分が変わり社員が変わった

50歳、倒産寸前の会社の社長になる

パリで得た縁を頼って日本電子に入社

日本レーザーの創立は1968年。もともとは、日本電子株式会社（電子顕微鏡のトップメーカー／東証一部）が、自社のレーザー開発のために100パーセント出資で立ち上げた子会社でした。

私が、親会社の日本電子から出向という形で日本レーザーの5代目社長になったのは1994年、50歳のときです。「若くして社長に抜擢されるとは、順風満帆な人生を送ってきたのでしょう」と言われることの多い私ですが、この人生はまさに七転び八起きで、どん底に突き落とされては、浮上するという連続でした。**「経営とは雇用を守ること」「赤字は犯罪」との考え方は、数々のトラブルを乗り越える中で培った**ものです。

大学時代、ドイツのある団体の交換実習生となった私は、今でいうインターンシップのような形で、初めて海外に飛び出しました。旅費さえ出せば、3カ月間の滞在費は支

払われる約束です。ときは1965年、前年に日本人の海外渡航が自由化されたものの、観光目的の旅行は年1回まで、持ち出し金は500ドルという決まりがありました。「せっかく海外に行けるのだから、ドイツにとどまらず、ヨーロッパをもっと深く知りたい」との気持ちが強く、父も「大学は1年間くらい休んでもいい。ただし、延長分の滞在費は自分で稼げ」と背中を押してくれました。だからといってビザがないので、現地でろくに働けません。貧乏旅行でヨーロッパを巡ることになりました。

フランスのパリでは、母の知人宅にお世話になりました。そのご主人が日本電子のサービスエンジニアだったのです。話を聞いていると非常におもしろく、「こんな会社なら就職してもいいいな」と思ったのが、壮絶人生の始まりでした。

日本に帰国後、パリでできた縁を頼って、日本電子の本社に面接に行きました。すると、労働組合がバリケードをつくっていて中に入れないのです。面接を受けたのは喫茶店でした。そこで「こんな会社はイヤだ」と思ってもよかったはずです。ところが、高校時代に経験した学生運動、ヨーロッパ滞在中に見た、分断された東西ドイツの格差などを思い出し、若き私は「まぁ、このくらいならば」と入社を決めてしまったのです。

どん底に突き落とされては立ち上がる人生

1970年、入社後26歳のとき、私は仕事でソビエト連邦（現・ロシア）に1年間滞在し、ここでも社会主義国家の実態を肌で感じる経験をしました。

そして1972年28歳、入社してわずか4年目で、労働組合の執行委員長に祭り上げられました。冷戦で分断されたヨーロッパの実態を経験し、民主的な労使関係も学んでいた私の経験が求められたのだと思います。

その年、私は人生で最も悲しい経験をしました。誕生間もない双子の男の子を同時に亡くしたのです。以降、私たち夫婦は子どもに恵まれることがありませんでした。

1973年、オイルショックが起こり、会社の業績が著しく悪化。翌年、会社は3分の1に当たる1000人規模の希望退職を提案。30歳以降、労働組合の委員長としてその対応をせざるを得なくなりました。退職者の多くは、40～50代の働き盛りの人たちです。労働組合が会社を守るためにいくらがんばったところで、経営がしっかりしていなければ雇用は守れない事実を痛感したのです。結局、11年間も執行委員長を務めました。

その後、40歳で米国法人の副支配人として渡米することを命じられました。アメリカで私を待っていたのは、またしてもリストラの言い渡しという大仕事です。ニュージャージー支社では、全員解雇という苦難に直面しました。ボストンの米国法人本社でも、20パーセントの人員削減を会社の意向で断行しました。泣きながら去っていった社員たちの姿は今も私の心の痛みになっています。そのときのストレスは、相当強かったと思います。41歳のとき、2度の胃潰瘍と十二指腸潰瘍を患いました。

ただ、よいこともありました。1989年、45歳で最年少の取締役に任命されたのです。ところが46歳、鶏卵《けいらん》大のがんが大腸の半分を塞いでいることが発覚し、手術によって九死に一生を得るという経験もしました。

1992年末に帰国後は、国内営業の立て直しに奔走。94年、日本レーザーに社長として出向を命じられたのも、赤字続きの当社の再建を求められたためでした。

50人採用して、50人退職していった

日本レーザーはそのとき、倒産寸前という状態でした。1億8000万円の債務超過

に陥り、メインバンクからは「もう救済はしない」と見放されていたのです。

私は、親会社になんとか1億円を貸してもらい、再建に取り組みました。当時の日本レーザーは、社員数が約30人。私が社長に就任した前後では、「50人採用して、50人退職していく」という状態で、まさに修羅場というありさまでした。

しかし、嘆いたところで事は前進しません。不良在庫、不良設備、不良債権、不良人材。この4つを正すため、**「社員のモチベーションを高める工夫」「粗利重視の経営」「人事制度・評価制度の見直し」「能力と努力の成果に応じた処遇体系の構築」という枠組みを築いていきました。**その根底には、「自分が社長になったからには、経営上の都合で社員のクビを切るようなことはしない」という強い覚悟があったのです。

逆境に立つたび、不思議な力がわいてくる

結果、就任1年目から黒字に転換し、2年目には累計赤字を一掃できました。

創立以降、無配を繰り返していましたが、1995年度から復配できるようにもなりました。そんな状況に喜ぶ間もなく、97～98年にアジア通貨危機が起こったのです。

日本レーザーは輸入商社であるため、世界の経済状況に経営が大きく影響されます。このとき当社は、黒字を守ることができましたが、かなり厳しい状況に置かれました。

1999年から2000年にかけてITバブルが起こり、レーザー商社の多くは業績が改善しました。ところが、わずか1年でITバブルは崩壊します。その後、アメリカで住宅バブルが生じて景気が再び上昇しましたが、2008年にリーマンショックによって世界的な金融・経済危機が起こります。

こうした世界経済の打撃を輸入商社は直接受けます。たとえば、わずか1円、円安になっただけで、2000万円もの利益が吹っ飛んでしまうのです。どんなに自分たちが努力をしたところで、円高・円安という為替変動には日々影響されるばかりです。

それでも私は、不思議と悲観することがないのです。**逆境に立たされるたびに、「なんとかなる」と乗り越えるためのアイデアと力がわいてきます。**この力はどこからくるのかと不思議に感じることがたびたびありました。

前代未聞のチャレンジを成功させた

ある日、一通のダイレクトメールが届いた

2003年、ダイレクトメールが届きました。たくさん送られてくる手紙の1通でしたが、「ツキを呼び込むセミナー」のタイトルに「なんだかおもしろそうだ」と感じるものがありました。**「自分に内在するエネルギーを活性化すれば、社員が変わり、会社の業績も上がる」**という経営者対象のセミナーです。「おもしろそう」と感じたのだからまずはやってみて、あとのことはそのときに考えればよい、と思いました。

東京・新宿の京王プラザホテルの会議室には、私も含めて経営者が13人ほど集まっていました。ここでバイオエネルギー理論について初めて学んだのです。

不退転の覚悟で再建に望む

話はさかのぼって再建2年目のことです。厳しい舵取りでしたが黒字転換でき、社員

も喜んでくれると思っていたのですが、「近藤さんは本社に戻れば社長の有力候補。日本レーザーの再建は手土産に過ぎない」という不満が社内に充満していたのです。

実際、私は日本レーザーの再建後に親会社に戻るつもりでした。その約束だったからです。しかし、自分だけ戻る場所が用意された状態で、社員の信頼が得られるはずもありません。３期６年務めた日本電子の取締役を退任したのです。

この決断で、社内の空気は一変しました。「近藤さんが退路を断つなら、自分たちもがんばろう」と社員のやる気に火がついたのです。再建が加速度的に進みました。

それでも、社内にくすぶるマイナスの空気を一掃するには至りませんでした。日本電子の子会社である以上、人事や事業展開上の制約が多く、経営を柔軟に行えないためです。待遇改善や社員旅行を行うと、親会社から「余計なことをするな」と叱られてしまう。しかも、親会社からの出向者でなければ今後も社長にはなれず、役員になるにも壁があります。何より子会社でいる限り、親会社の利益が最優先されます。実際、日本レーザーが黒字に回復したとたん、親会社が３割から５割へ配当の増配を望んできました。

バイオエネルギー理論のセミナーを初めて受けたのは、親会社と日本レーザーの経営で板挟みになっていたときです。私が「おもしろそう」と飛びついた背景には、この解決の糸口が見つかるのではないかとの期待がありました。

志を明確にすれば、不可能も可能になる

初回セミナー後、バイオエネルギー理論にますます興味を抱いた私は、香川氏が代表を務める経営コンサルタント会社ベックスコーポレーションを訪ねました。そこでバイオエネルギー理論の概論を学び、1回の面接で驚くほどの気づきを得ました。なぜ、こうも多くのトラブルが私に押し寄せてくるのか、ここに気づけたときの衝撃は計り知れないものがありました。

当時を振り返ると、私の表情はどことなく暗く疲れていたと香川氏は言います。常識的に考えれば、親会社からの独立は不可能です。だから、独立するとは夢にも思っていませんでした。マイナスの状況をプラスに変えていくだけのエネルギーが、そのときの私自身には不足していたのです。そんな私に香川氏が言いました。

「近藤さんが子会社の社長である以上、親会社の言う通りにするのは当然のことです。

しかし、近藤さんに覚悟があるのだとしたら独立したらいい。**あなたにそういう使命があり、バイオエネルギーを活性化させることができれば、オーナーになれます**」

そう言って、背中を押してくれました。

「目標、目的、志を明確にすれば、不可能も可能になる」

香川氏のこの言葉に「わが意を得たり！」と感動したことをよく覚えています。

その後の２００７年、日本レーザーは、ＭＥＢＯ（マネジメント・アンド・エンプロイー・バイアウト）という珍しい方法で、親会社から完全に独立しました。

ＭＥＢＯとは、経営陣だけでなく、社員も一緒になって親会社から株式を買い取る手法です。ファンドを入れたくなかったので、社員からの出資金と銀行からの長期借入金（１億５０００万円）だけで株式を買い取りました。パート出身者も派遣社員から入社した嘱託社員も新入社員も現在は全員が株主です。これは、日本では例がない前代未聞の挑戦でした。失敗すれば倒産、私も自己破産という崖っぷちでしたが、かえって社員が結束し、見事、ＭＥＢＯは成功しました。これ以降、日本レーザーの成長は加速していったのです。

バイオエネルギー理論を学び、人生が変わる

経営者にとって誰を相談役にするかは重要

経営者は、経営に関する重大事項は自分自身で決断しなければいけません。それが「社長第一主義」ということです。その決断には、社員の生活と未来がかかっています。株主や顧客ではなく、社員を最優先できるのは、社長第一主義だからです。そのぶん、経営者のプレッシャーは人きく、孤独感が募ることもたびたびあります。

そんなとき、**いつでも気軽に相談できる相手を得ておくことは、精神的にも経営的にも、非常に重要**です。このことは、多くの経営者が感じていることでしょう。

ただし、「誰」を相談役にするかが重要です。主観ではなく客観的かつ冷静に、自分自身を理解してくれ、会社全体、社会全体を見通して話ができる相手である必要があります。そういう相談相手ができると、経営者は自らの思考を整理しながら、会社を発展させていくことができます。

私が自らの相談相手として、経営コンサルタントである香川氏を選んだのは、バイオエネルギー理論という科学的手法によって経営戦略の支援を受けられるためです。

現在、香川氏とは、20年以上のつきあいになりました。

私たちはみな宇宙のエネルギーを得て誕生してきた

では、バイオエネルギー理論とは何か、改めて話していきます。**バイオエネルギー理論とは、「人間が生まれながらに持っている基本的な行動特性」に影響を及ぼす、生命エネルギーを体系化した法則です。１９８２年に香川氏によって発明されました。**「顕在意識」と「潜在意識」という人間のエネルギーを深く追究し、その数値化に成功した世界初の理論であり、１９９１年には米国ビジネス特許も取得しています。

では、人の行動特性に影響を及ぼす「バイオ（生命）エネルギー」とは何でしょうか。

香川氏の言葉を借りて解説します。地球上の物質は、無数の粒子の結合によってつくられています。これは、人間も同じです。あらゆる生命体は、無数の粒子が結合することで誕生し、成長していきます。この粒子をもたらしているのが宇宙です。地球は宇宙の法則の中に存在しています。そこに生きるすべての生命体は、宇宙のエネルギーを受けてこの地球に発生しています。このことは、多くの物理学者が明言しています。

その宇宙のエネルギーが人間にも内在しているのです。そして、「**何を考え、どう行動するのか**」**という言動や思考を決定づける基本要因**となっています。このことを発見した香川氏は、それを「バイオエネルギー」と命名しました。

「どうしてそんなことがわかるのか？」

バイオエネルギー理論では、人間を1つのエネルギー体と捉えます。

バイオエネルギーが一人ひとりに発生するのは、自らの意思で呼吸した瞬間です。誕生の瞬間、宇宙の法則の中の生命体の1つとして、宇宙のエネルギーが与えられます。

宇宙が発するバイオエネルギーには、一定の周期があります。そのため、生まれた日によって与えられるエネルギーの特性も異なることになるのです。

このことを香川氏は発見すると、100万人ものデータ検証を行い、独自のアルゴリズムで数値化することに成功しました。科学的に分析されている点も、理系の私には大変に納得できました。

何より、**バイオエネルギー理論を通して自らを探究すると、言動の理由や性格を客観視できる**ようになりました。しかも、相手のこともよくわかります。当初、香川氏から「近藤さんは、物でもお金でも何でも貯め込むでしょう」と言われた際には、心底驚きました。私のバイオナンバーの第２数は「蓄積エネルギー」と呼ばれる「４」。「４」の人は何でも収集し、蓄積する特性があります。「いつか役立つのではないか」と貯め込んでしまうのです。また、「形を重視し、枠組みをつくって、何事も忍耐強く取り組んでいく」というのも「４」の特性です。私は日本レーザーの再建にあたり、ルールづくりから徹底して行いました。つまり、自らのバイオエネルギーを活性化させ、倒産寸前から黒字転換するという難題をやり遂げていたのです。

講演会にて「近藤さんのように実行しても、うまくいかない」という経営者がいると前述しました。これは「４」の私だから成り立つビジネスモデルです。**自分のバイオエネルギーを理解して経営に活かしていくことが、経営改善の秘訣**となるのです。

無意識の世界を動かし、無限のパワーを引き出す

無意識をコントロールする

では、バイオエネルギー理論の詳しい解説を始めましょう。**本項から本章の最後までのバイオエネルギー理論の詳しい解説は、発明者である私、香川哲が担当**します。

バイオエネルギー理論を学ぶと、何が可能となるのでしょうか。「不可能を可能に変えていく」ためのエネルギーをコントロールできるようになります。

人が意識できる自分とは、自身のほんの一部です。

意識の世界には、「自分で意識できる部分（顕在意識）」と「意識できない部分（潜在意識）」があります。意識できる部分は小さく全体の10パーセント。これに対して意識できない部分は90パーセントにもなると言われています。この意識できない世界は「無意識」と呼ばれます。ここまでの話は聞いたことのある人が多いでしょう。

意識は、自分の誕生から現在までの経験や知識で構成されています。意識の世界には、

人称や時間（過去・現在・未来）、プラスとマイナス（善悪）の概念があります。一言で言えば、「言葉の力でコントロールできる世界」が意識です。反対に、**無意識とは「言葉でコントロールできない世界」です。よって、人称や時間、マイナスとプラス（善悪）の概念がない**のです。

通常、人は言葉でコントロールできる意識のみを働かせて思考しています。しかし、10パーセントの意識で何かを成し遂げようとしても、パワーが小さ過ぎるのです。意識のみで動いている限り、自分が想像できる範囲でしか夢も目標も持てません。

しかし、**無意識の世界を動かせるようになると、自分でも驚くほどのパワーが働きます**。自らに秘められた90パーセントの力が発揮されるからです。

プラスの出来事を次々に引き寄せる言葉の力

では、言葉でコントロールできない無意識を動かすには、どうするとよいでしょうか。

意識と無意識の世界は結びついています。よって、言葉でコントロールできる意識を使っていくことで、無意識の世界を意識的に動かしていくことができるのです。

たとえて言えば、意識とは、無意識の世界を動かすための「ハンドル」です。

多くの人は、このハンドルを日々、無意識に動かしています。たとえば、「今日もよい日にするぞ」とスタートを切ると、明るくポジティブな気持ちになり、本当によいことが次々に起こったりします。

この**無意識に使ってきた意識のハンドルを、自分の意志でコントロールし、プラスの人や物事を引き寄せていくのが、バイオエネルギー理論**です。

バイオエネルギー理論では、人間を1つのエネルギー体と捉えます。同様に、世界で起こることもすべてがエネルギー現象とします。バイオエネルギー理論を学ぶと、その多大なるエネルギーを意識の力で動かす方法がわかります。だからこそ、自分が変われば周りのエネルギーも変わって、よいエネルギーがたくさん引き寄せられるのです。

そのためにまず必要となるのが、自らのバイオエネルギーの特性を知ることです。

人生を劇的に好転させる黄金ルール

バイオエネルギー理論を学ぶ前にまず重要になる考え方があります。

「私たちは、『この日、この宇宙のエネルギーを受けるために、この親を選んで誕生する』と自ら決めて生まれてきた」

これが黄金ルールの３つ目です。バイオエネルギー理論では、この世で起こることはすべてが必然と考えます。誕生もそうです。人間はみな、自分の親と誕生日を選んで、自らの意思でこの世に生まれてきています。

なぜなら、**この世界で起こることは、すべてがエネルギー現象であり、自ら引き寄せた結果の世界が「今」**だからです。今、あなたが「ここ」にいるのは、親と誕生日を引き寄せた結果ということです。

これは、人生を好転させるために欠かせない思考です。人が「今、ここ」にいるのは偶然ではなく、この時代に生きる理由があって、自ら選んでこの世界に来たのです。

そう考えた瞬間から、誰もがこの世界で自分に必要とされている理由を探し始めます。それが生きる覚悟を生み、世のため人のために生きていく志を育みます。その志を言葉にすることで、無限の可能性を秘める無意識の世界が動き出すのです。

人も出来事もすべては自分が引き寄せている

会社とは、社員が幸福な人生を築くための舞台

何らかのトラブルに見舞われたとき、人のせいにする人がいます。大勢のトップに立つ経営者にも、他責にする人が少なくありません。

社員や部下が成功したときには「私の教えがよかったからだ」とその功績を我が物顔で自慢しながら、反対に失敗したときには「どう責任を取るんだ！」と責め、「私はまったく知らなかった」と白を切る。そんな経営者をたびたび見かけます。

しかし、経営者が他責では、「人を活性化する人的資本経営」を行えるはずがありません。それどころか、持続可能な経営も難しくなります。自分を守ってくれない経営者のもとでは、社員は安心して働けないからです。よって、優秀な人から辞めていくことになります。

経営者に大事なのは、利他の心です。**利他の心とは、自分のことも他人のことも大切**

に考え、周りの人の幸福を願って行動できる思いのことです。

ここで「会社の存在理由は何か」と考えてみてください。会社は社員の人生の舞台であり、働く人の人生そのものです。つまり会社の存在理由とは、社員が幸福度を高められる舞台であり続けることなのです。

生年月日と親は自分の生きる原点

「親ガチャ」という言葉があります。コインを入れてガチャガチャとレバーを回すと、カプセルに入ったオモチャが1つ出てくるゲームのように、どんな親のもとに生まれるのかは、運まかせ。若い世代を中心に「親ガチャ、成功！」とか、「親ガチャ、失敗」などとたびたび使われます。

最近では、「会社ガチャ」「上司ガチャ」「配属ガチャ」という言葉も出てきました。すべてを運まかせと捉えるこれらの言葉からは、自分の人生に責任を取ろうとしない姿勢が映し出されています。こうした言葉を平気で使う他責の社員をどう教育していくのかは、現在、多くの会社において悩ましい問題にもなってきています。

では、他責の社員に、利他の心を持たせるには、どうするとよいでしょうか。

方法は1つです。社員を変えようとする前に、自分がまず変わることです。

バイオエネルギー理論の4つ目の黄金ルールは、

「周りで起こるすべての出来事は、自分が引き寄せ、自分がつくった世界」です。これはバイオエネルギー理論の肝となるルールです。

バイオエネルギー理論では、あらゆるトラブルは「気づき」と考えます。

無意識は、意識に気づきをもたらすために、周りの人や現象を使ってさまざまなトラブルを起こしてきます。トラブルの意味に気づかないと、徹底的に気づくまで同じようなトラブルを繰り返し起こしてきます。

つまり**トラブルとは、「バイオエネルギーのハンドルをプラスに切りなさい」という無意識からのメッセージ**です。無意識が「志を達成して大きく飛躍してほしい」と願い、周りの人や現象を通して気づきを与え、軌道修正しようとしているのです。

たとえば、トラブルにあったとき、「自分のせいではない」と責任を逃れようとする社員を目の前にすると、「人のせいにするな！」と言いたくなります。しかし、この状況をバイオエネルギー理論から考えると、あなた自身の中にある他責の気持ちを伝えるために、あなた自身がその社員を引き寄せていることになります。

「他責の気持ちがある限り、あなた自身の成長も会社の成長も実現できない」ということを、今、目の前にいる他責の社員を通して無意識の世界が伝えてきているのです。

名前を好きになると生きる軸が定まる

では、自分の中にある他責の気持ちは、どのように解消するとよいでしょうか。

自分の原点を受け入れることです。**人の原点とは、生年月日、親、名前**です。

バイオエネルギー理論ではすべてが必然と考えます。誕生も必然です。繰り返しになりますが、人は誰もが生年月日も親も自分で選んで、この世に生まれてきたのです。そして、名前も決めています。「いやいや、名前は親が決めたんだよ」とみなさんは言います。しかし、名前もやはり必然なのです。

親は、何らかの思いを込めて、子どもの名前を考えます。そのとき、あなた自身のエネルギーが親に働きかけ、人生の指針となる名前を決めさせている、とバイオエネルギー理論では考えます。

すると、どんな思いがわいてくるでしょうか。名前に対する愛着です。**名前を愛せる人は、自分の人生を愛せます。**反対に、他責が強い人は、間違いなく、自分の名前に何らかの違和感を覚えています。「好きではない」「しっくりこない」という感覚です。

生年月日と親と名前という原点を否定することは、自分自身の存在を認めていない、という表れです。自分を否定する人が、他責になるのは当然です。自分を受け入れずして、他人に寛容であることなどできないからです。

しかし、自分の原点は自らが決めた結果と考えれば、逃げ場がなくなります。退路を断てば原点が定まり、生き方がふらふらしなくなります。それによって自分の人生を思いのままに生きていく準備が整うのです。

この時代に生まれてきたことに感謝する

そうだというのに、トラブルが起こったときに「あなたが悪い」と相手を責めたり、教育と考えて指導したりして、自らの軌道修正を怠ると、次に何が起こるでしょうか。

無意識は、あなたに気づきを与えるため、さらに大きなトラブルを起こします。トラブルは大きくなるほど、乗り越えるのが困難になります。ですから、小さなトラブルのうちに気づいて、自己修正していくほうがよいのです。

重要なのは、**あらゆるトラブルは、あなた自身の自己成長のために無意識が引き寄せた気づきだという絶対的な当事者意識を持つ**ことです。そのとき、「ありがとうございました」「気づきました」と瞬時に言ってみてください。感謝というプラスの言葉がバイオエネルギーをプラスに転換し、そこから問題解決の糸口が見出されていくはずです。

では、「会社ガチャ」「上司ガチャ」「配属ガチャ」という言葉を使う他責の社員と向き合うには、どうすればよいのでしょうか。

まずは、**自分がこの時代に生まれてきたことに感謝し、親に感謝し、名前に感謝すること**。すると、周りの人たちが愛おしく思えてきます。自分の原点と同じように、相手の原点を大切に感じ、名前を大切に呼べるようになるでしょう。そのプラスのエネルギーが、相手を変えていきます。あなた自身が何か特別なことを教えなくても、あなた自身のプラスのエネルギーが周りを変えていくのです。

成功は周りのおかげ、失敗は自分の責任

経営者の志を社員の志にする方法

「成功は周りのおかげ。失敗は自分の責任」

これが、バイオエネルギー理論の５つ目の黄金ルールです。

志を成し遂げるには、社員など周囲の助けや協力が必要です。周りの人に感謝の気持ちを忘れず、それを伝え続けることが、成功者の王道です。ところが、自分の力だけでここまできたと勘違いして感謝を忘れれば、王道を外れることになります。すると、バイオエネルギーが不活性化し、トラブルが引き寄せられます。つまり、身の回りで起こるトラブルはすべて自分が引き寄せた結果なのです。

とくに経営者にとっては、社員の失敗すべては自分自身の責任です。万が一にも「おまえのせいだ」と責任を追及すればエネルギーが不活性化して、新たなトラブルを自ら引き寄せることになります。そんなマイナスのエネルギーを発した状態で、社員を幸せ

にはできません。反対に、「何があっても自分が責任を持つから、思いっきりがんばってみろ」と言えば、社員は経営者のプラスのエネルギーに魅了されます。そして、あなたの志を自分の志として、安心して進化成長していくのです。

トラブルはバイオネルギー理論から読み解ける

実は近藤氏も、若い頃は「この成功は自分の功績」と自負する気持ちが強い人間だったと言います。たとえば、グローバル企業である日本レーザーの社長に選ばれた理由は、労働組合の経験、企業再建のノウハウ、グローバルビジネスへの知見、そして海外メーカーと丁々発止で渡り合える実践英語力、45歳で最年少取締役になったことなどが大きかったと思います。

それゆえに、嫉妬ややっかみを受けていました。日本レーザーへの出向が決まったとき、「これで近藤さんも終わりだな」という声が本社内で聞こえてきたそうです。

このことをバイオエネルギー理論から読み解くと、倒産寸前の子会社に出向となったのは、「成功は周りのおかげ。失敗は自分の責任」という感謝の気持ちや絶対的な当事者意識に乏しかった当時の近藤氏が、引き寄せた大きな気づきであったとわかります。

悪い報告こそ笑顔で聞こう

「ありがとう」は、漢字で書くと「有り難う」です。「難」が「有る」と書いて「ありがとう」。つまり、**「難（トラブル）があったけれども、気づきました。この難をプラスに変えていきます」と宣言する言葉**なのです。「トラブルの原因は自分にある」と気づかなければ、形を変えて新たなトラブルが次々に引き寄せられますが、「ありがとうございました」と言えば、その瞬間、あなたのバイオエネルギーはプラスに転じます。

ですから、社員がトラブルを起こしたときには、「よく報告してくれた。自分が注意しなければいけないことに気づかせてくれて、ありがとう」と感謝を込めて言うことです。経営者がこの意識を持つと、企業風土は非常によくなります。

それに加えて大切なのは、経営者が笑顔でいることです。笑顔もエネルギーを活性化させ、運を開かせます。笑顔は人の心を開かせるからです。

「よい報告は笑顔で聞く。トラブルなどの悪い報告は、もっと笑顔で聞く」

これは、近藤氏が自身に課している黄金ルールの1つです。笑顔は経営者の仕事であり、能力です。経営者がしかめっ面をしていたら、社員は「話しかけてくるな」「近寄るな」との無言の情報を受けとります。すると社員は萎縮して、社長にとって都合のよいことしか報告しなくなります。反対に、トップの笑顔は「いつでも話しかけていいよ」「なんでも相談に乗るよ」というメッセージとなって、社内の雰囲気を明るくします。

トップがいつも笑顔でいると、社員は思い思いのことを言ってくるようになります。ときには経営を批判することも言われます。これは、非常によいことです。会社がそれだけ風通しのよい状態にあることを表します。そうした**社員の素直な言葉にこそ、経営者にとっての気づきがある**ものです。ですから、

「よく言ってくれたね、ありがとう」

と、言いにくいことを言ってきた社員には、笑顔で感謝の言葉を近藤氏も伝えています。笑顔は性格ではなく、「能力」です。人の能力はエネルギー現象であり、自分の意志で鍛えていけるものなのです。

バイオナンバーの第2数を見れば自分の60パーセントがわかる

バイオナンバーを調べよう

それでは、自分のバイオナンバーを調べていきます。巻末の早見表を見てください。まず、巻末にある表Aの「バイオナンバー第1数早見表」から第1数を割り出します。たとえば、近藤氏は、１９４４年3月9日が生年月日です。表Aを見ると、１９４４年は「６」とあります。これでバイオナンバーの第1数がわかりました。

次に、表Bを使って第2数と第3数を調べます。近藤氏の場合、第1数が「６」ですから、表B（6）の「第1数が「6」の場合」を見ます。誕生月（3月）と誕生日（9日）が交差する欄に書かれている数字「６４４」がバイオナンバーとなります。

バイオナンバーは36通りあることは前述しました。そのうち、**どのナンバーが優れていて、どれが劣っているということは一切ありません**。それぞれにプラスの面があれば、マイナスの面もあります。大事なのは、自分のバイオエネルギーの特性を知って、それを活性化させていく方法を知ることです。

なお、バイオナンバーは生年月日から算出されるため、同じ生年月日の人は、同じバイオナンバーを持つことになります。バイオナンバーが同じということは、基本的な特性や行動のパターンも同じになります。しかし、人生はまるっきり違います。これは、誕生から現在までのあらゆる環境が違っているからです。親や兄弟など家族のバイオエネルギーの状態、家庭環境、受ける教育、周辺の自然環境、交友関係、宗教など、1分1秒すべてが人によって異なります。後天的な要因が複雑に絡み合って、表に出てくる行動特性や気質は変わります。とくに影響するのは、志や修練の違いです。

よって、**同じバイオナンバーを持つ人であっても、表に出てくる行動特性や気質が大きく違う**のは、自然なことです。それほど、私たちのバイオエネルギーは、環境要因に影響されやすいのです。

まずは自身の第2数のコントロール法を知ろう

人はみな100パーセントのバイオエネルギーを持っています。そのうち、最も大きく、その人のメインエネルギーになるのが第2数です。76ページからバイオエネルギーの基本因子となる「1」から「6」を順々に解説していきますが、まずはご自身の第2数を読んでください。それだけでは説明がつかないと感じたときには、30パーセントを占める第1数、次に10パーセントの第3数を参考にしてほしいと思います。

なかには、2つの数字でバイオナンバーが構成されている人がいます。近藤氏の場合は、「644」ですから、「4」のエネルギーが70パーセント、「6」のエネルギーが30パーセント。この場合、2つの視点から物事を見るため、思考の客観性が弱くなります。そのぶん「4」のエネルギーがとくに強く作用することになります。

なお、たとえば「666」の人は、「6」が100パーセントです。私、香川も「666」です。「666」の人は、客観的に物事を見ることが苦手ですが、「これだ！」と直観したことには100パーセントのエネルギーで突き進む爆発的なパワーを持ちます。

一方、3つの異なる数字を持つ人は、エネルギーが3つに分散されるため、突破力が弱くなりやすく、人の目が気になる特性が表れることが多くなります。「大変だからやめておく」という思考を持つ傾向も強くなります。ただし、3つの視点から物事を見ることができるため、客観的に世界を見渡すことができます。

完璧な人などいないからこそ、世界はパワーに満ちている

理屈で考えれば、6つのエネルギーすべてを持ちあわせていることが、人間の理想形です。しかし実際には、すべてを持つ人はどこにもいません。ということは、この世に完璧な人間はいないということです。

裏を返せば、**一人ひとりが違うエネルギーを持っているからこそ、世界は複雑で、進化成長するパワーに満ちている**のです。

会社も同じです。おのおのがバイオエネルギーを活性化できる環境にあれば、社員はのびのびと自らの能力を発揮し、そのエネルギーが会社を発展させていきます。

そうした環境を築く第一歩となるのが、経営者自身が活性化させたバイオエネルギーで、社内を一つに団結させていくことなのです。多様な人財による経営が大切な理由でもあります。

どんなことが自信になるかは、バイオエネルギーで違う

トラブルこそ進化成長のチャンス

バイオエネルギーが活性化した状態を保てると、無意識の世界が動き出し、不可能を可能にできるパワーがわいてきます。**「自分はなんて運がいいんだ」と感じるほど、ヒト・モノ・カネ・情報が引き寄せられます。**自分が変わったことで、周りが変わり、世界が変わっていくというエネルギー現象が起こってくるのです。

反対にエネルギーが不活性化すると、今度はトラブルが引き寄せられるようになります。そのトラブルはすべて、あなたにもっとよくなってほしいという無意識からの宿題です。宿題は終わらせなければいつまでも追いかけてきますし、解決がどんどん難しくなります。ですから、トラブルが起こったら自分が成長するチャンスと受けとめ、まずは「ありがとうございました。気づきました」と感謝の気持ちを言葉にします。

エネルギーは弱過ぎても強過ぎてもよくない

エネルギーが不活性化するとき、２つの異なる状態が現れます。エネルギーが弱くなる状態と強くなり過ぎる状態です。

エネルギーが弱くなると、言動が消極的になり、行動力や意欲に欠けるという特性が表れます。一方、エネルギーが強くなり過ぎると、我が強くなります。「自分が、自分が」との気持ちに支配され、言葉もきつくなります。そんな人を周りは到底受け入れることができず、「つきあいにくい人だ」と感じます。

エネルギーが弱過ぎたり、強過ぎたりという状態は、行ったり来たりします。たとえば、「ささいなトラブルにやる気を失うこと」と「自分は悪くないと怒ること」は、正反対の状態のようですが、根っこにはエネルギーの不活性化という同じ原因があります。

よって、目指すところは「中庸《ちゅうよう》」です。エネルギーの強弱どちらかに偏ることなく、過不足なく調和が取れている状態です。**エネルギーが活性化して中庸にあれば、心身は最高に保たれ、志を全うできる状態が整う**のです。

「絶対的な自信」はバイオナンバーで異なる

バイオエネルギーは、自らの第2数をよく理解し、問題点を修正していくことで活性化します。そこで、次項からは、それぞれのバイオエネルギーの特性とともに、活性化するためのポイントを6つずつ紹介していきます。

エネルギーは、活性化させた状態を保つのは実は難しく、ちょっとした出来事でとたんに不活性化を始めます。ですから、どんなことが起こると自分のエネルギーは不活性化し、どんな特性が表に出てくるのか、どうすれば再び活性化させられるのか、方法を知ることが重要です。

ただし、これは人によって異なります。バイオエネルギーが違えば、不活性化する理由も違ってくるためです。では、どんなことを絶対的な自信としているとき、人はエネルギーを活性化できるのか、まずは一言で表します。バイオエネルギー「1」から「6」はそれぞれ以下のことを言動の原動力にしています。

◎「1」「自分が決めたことは必ず達成できる」という絶対的な自信
◎「2」「自分は周りから必要とされている」という絶対的な自信
◎「3」「自分はどんなことにも臨機応変に対応できる」という絶対的な自信
◎「4」「自分は正当に評価されている」という絶対的な自信
◎「5」「自分は周りを納得させることができる」という絶対的な自信
◎「6」「自分は必ず結果を出す」という絶対的な自信

絶対的な自信を築くと、バイオエネルギーは活性化します。しかし、損なわれることがあると、エネルギーが不活性化を始めます。このことを知っているだけでも、エネルギーが不活性化しないよう、自らコントロールできます。

それでは、次項から各バイオエネルギーの特性とコントロール法をお伝えしましょう。

本文を読んだら、最後にある「活性化状態の自己チェック表」で、ご自身を評価してみてください。エネルギーの状態がよくわかります。なお、このチェック表は社員のエネルギーが活性化しているかどうかを客観視するためにも活用できます。

「1」集中エネルギー（念力）の特性

理想の実現に一直線に進むカリスマ

「1」のバイオエネルギーは「集中エネルギー」です。決めた目的・目標を1点に集中させ、絶対化することで活性化します。自分が信じたことは、必ず実現できるという特性を持つため、「念力（ねんりょく）」とも呼んでいます。

「1」のエネルギーは、下の「エネルギーの形と方向性」の図のように1点に集中して発揮されます。「1」の人はこの図を常にイメージしながら、「自分が決めたことは必ず達成できる」という絶対的な自信を持ってリーダーシップを発揮していくと、理

「1」集中エネルギー（念力）

エネルギーの形と方向性

エネルギーの特性	
マークの意味	1点集中する
スピード	ゆっくり
光のイメージ	シアン

想の実現に一直線に突き進むカリスマとなるパワーが与えられます。

ところが、「自分が決めたことは必ず達成できる」という自信が失われることがあると、エネルギーが弱くなります。反対に、完璧を目指して細部にこだわり過ぎると、全体像が見えなくなります。物事の本質が見えない状態です。このとき、エネルギーは過度に強くなっています。それぞれ、表に出てくるマイナスの特性は異なりますが、いずれもエネルギーが不活性化している状態です。

では、「１」の人は、バイオエネルギーをどのように活性化していくと無意識の世界を動かせるのか、６つのポイントを紹介します。

①「プライド」を持つ

「１」の人は、元来、リーダー向きの特性を持っています。その特性を活かすために必要になるのが、プライドです。**「自分は特別な存在だ」とプライドを高く持つと、そこから「一度掲げた目標は、なんとしてもやり抜く」という志が生まれます。**発想がポジティブになり、無意識の世界が動き出します。

この「1」のエネルギーの原動力となるのが「自分が決めたことは必ず達成できる」という絶対的な自信です。反対に、この自信が損なわれるようなことが起こると、エネルギーが不活性化します。それによってエネルギーが弱くなれば、周りの評価を気にして進むべき方向性が見えなくなります。一方、完璧を目指して細部にこだわり過ぎるとエネルギーが過度に強くなって、奇想天外なアイデアが次々に浮かぶようになります。すると、理想と現実のギャップが大きくなり、周りから共感を得られなくなります。

では、「1」のプライドを揺るがすものとは何でしょうか。それはマイナスの言葉です。「1」はマイナスの言葉にとくに反応しやすい特性があります。マイナスの言葉を口にする人は、周りに大勢いるものです。しかも、「1」のエネルギーは、自分自身のマイナスの言葉によっても、プライドを折ってしまうことが多くなります。

だからこそ「1」の人に重要なのは、目的・目標を明確にして、「自分は特別な存在だ」というプライドを揺るぎないものにすることです。すると、発想がポジティブになって自信がわいてきます。この特性を理解しておくと、マイナスの言葉に不必要に反応して、自らエネルギーを不活性化させずにすみますし、未来に向かって今やるべきことがはっきりと見えていきます。**「1」は信念を持って突き進めば、目的・目標を必ず達成できるエネルギー**です。

②明確な目標を持つ

「1」の人に内在するのは、目標を達成していくエネルギーです。この**エネルギーを活性化するには、目標をより明確な言葉にする**ことです。そのうえで、「未来をつくるのは自分だ」と信じ、目標達成に向けて思い切り前進していくことが重要です。「1」のエネルギーのスピードはゆっくりですから、焦らず慌てずじっくりと1点に集中していきましょう。

そこで必要になるのが、「信じたら必ずその通りになる」という思い込みです。「1」は**自分が決めれば決めたようになるエネルギー**なのです。

ところが、「信じたら必ずその通りになる」という絶対的な自信が失われると、「このまま進んでよいのか」と迷いが生じます。そればかりか、何事も人任せにします。反対に、完璧を目指してエネルギーが強くなり過ぎると、「自分はこれだけのことをしてきた」との自負心が強まり、思い込みだけで物事を判断しがちです。

こうした不活性の状態に陥ったとき、プラスに転じるにはどうしたらよいでしょうか。目標をできる限り明確な言葉で示すことです。**「こんな未来をつくっていく」と言葉に表すことで、「1」のエネルギーは活性化**を始めます。

③完璧主義を絶対化する

「1」の人は、集中力があり、物事を緻密に進められる特性があります。頭の回転がよく、完璧に物事を成し遂げていく力を持っています。この**完璧に物事を成し遂げる力があるからこそ、人がついてくる**のです。

ところが、誰かの批判的な意見を気にするなどマイナスに捉われると、メンタルがダメージを負い、体も疲れが取れにくくなります。エネルギーが弱っている状態です。

反対に、完璧主義を目指し過ぎ、全体を見通さずに細部にこだわると、エネルギーが過度に強くなり、進むべき方向性を見失います。「自分はできる」と高ぶって、自信過剰にもなります。すると周りの信頼を失うばかりか、自分自身も疲れ果てます。

このエネルギーを活性化させるには、**完璧主義を絶対化する**ことです。具体的には、全体を見通しながら内部にまで目を配っていく、ということです。たとえば、自分が「これは絶対に売れる！」と思っても、買い手が「欲しい物」でなければ商品は売れません。「1」の人が「これは絶対に売れる」と感じるとき、表面的な部分ばかり完璧で、ニーズを読み切れていないケースが見られます。一方、**「何事もていねいに見て、ていねいに伝え、ていねいに聞き、ていねいに確認する」と心がける**ことで、人が何を求めているのかニーズをつかめるようになります。すると、経営も好転していきますし、リーダーシップを発揮する力も高まります。

④向上心を持つ

未来をつくることができる「1」のエネルギーの源は、現状に満足せず、今あるものに付加価値をつけて、プラスをさらにプラスにしたいという向上心を高めます。**一番を求めたり、一流品がほしくなったりするのも、「1」が活性化している表れ**です。

一方、向上心を持てなくなりエネルギーが弱くなると、理想とする自分像が失せ、現状維持でよいと思うようになります。「将来がわからず不安」という気持ちも募ります。

反対に、エネルギーが強くなり過ぎると、進化成長していく努力もしないまま、「自分は人より優れている」とプライドばかりが高くなって、誰もついてこないという状況が生み出されます。「裸の王様」の状態になってしまうのです。

「1」の人が自分の方向性を見失ったときには、「どんな未来に喜びを感じるか」をできるだけ明確にイメージすることから始めてみてください。「1」は、自分が決めたことがその通りになるエネルギーです。**将来像を1点に絞って絶対化し、そこに向かって行動を始めると、そのとたんにエネルギーはプラスに転じます。**

⑤ポイントを絞って、上品に話す

「1」は、生まれながらにリーダー気質のエネルギーを持っています。リーダーシップを発揮するには言葉が大切です。周りの心を魅了する目標を掲げ、それを伝え続けること。相手の成長を願って、上品な言葉でわかりやすく伝えることが重要です。ここを心がけると、周りは堂々として気品のある「1」に憧れ、賛同するようになります。

一方、否定的な言葉を使うとエネルギーはとたんに弱まります。人を批判したり、悪く言ったりすることも、自分自身のバイオエネルギーを低下させるので注意が必要です。反対にエネルギーが強くなり過ぎると、「しっかり説明しなければ」という思いが高まり、前置きが長くなりがちです。1から10まですべて説明しようとすれば、本題に入る前に飽きられてしまいます。

リーダーシップの発揮で大事なのは、**相手の成長を願って、ポイントを絞り、わかりやすく上品に伝える**ことです。すると周りの心をつかむ話し方が可能となります。

⑥度量を持ち、カリスマを目指す

周りは「1」の人に絶対的な力を発揮することを望んでいます。奇跡を起こすカリスマであってほしいと願っています。崇高な志を真っすぐに成し遂げていく「1」の姿に憧れを抱き、「この人についていこう」と賛同するのです。その**カリスマ性の土台となるのが、「自分は周りより優れている」というプライドの高さ**です。プライドを高く持つには、資格や地位など自分が必要と思うものを積極的に獲得していくことです。

ところが「1」の人は、自分よりエネルギーが強いと感じる人が現れると、自分のエネルギーを弱めて、身を引いてしまう控えめな一面があります。

一方、自負心が勝るとエネルギーが強くなり過ぎ、周りから反対されても意地を張り、自己主張を押し通すようになります。その姿は傍から見ると独裁者でエゴイスト、私欲に走っているように映ります。

では「1」の人が、みなが憧れる絶対的なカリスマとなるには何が必要でしょうか。

度量です。「何があってもみんなを守るから、ついてきてほしい」と心の広さを見せることです。**度量を持つと、「このリーダーについていけば間違いない」と絶対の信頼を寄せる賛同者が増えていきます。**それによって不可能を可能とするカリスマへと進化成長するエネルギーが、自分自身に集まってくるのです。

バイオエネルギー【1】の活性化状態の自己チェック表

	【1】が活性化している状態の自己チェック表	評価
①	常に細かく確認している	4・3・2・1
②	計画したことを周知してからやっている	4・3・2・1
③	常に完璧を目指している	4・3・2・1
④	現状に満足せず、成長し続けている	4・3・2・1
⑤	上品に振る舞っている	4・3・2・1
⑥	リーダーシップをとっている	4・3・2・1
⑦	本質を見極めて行動している	4・3・2・1
⑧	常に目標を決めて実践している	4・3・2・1
⑨	常にプラス発想をしている	4・3・2・1
⑩	絶対に譲れない信念がある	4・3・2・1

評価基準 4：よくできている 3：時々できている
2：あまりできていない 1：全くできていない

	【1】が不活性にある状態の自己チェック表	評価
①	思い込みで勘違いしやすい	4・3・2・1
②	計画性がなく、途中で頓挫してしまう	4・3・2・1
③	相談しないでやり、雑になってしまう	4・3・2・1
④	自信がなく、何かあると尻込みしてしまう	4・3・2・1
⑤	こだわりが強く、意見を素直に受け入れられない	4・3・2・1
⑥	慎重になり過ぎて気持ちの切り替えができない	4・3・2・1
⑦	同時にいろいろやって優先順位がわからなくなる	4・3・2・1
⑧	何かあるとマイナス発想になって自信がなくなる	4・3・2・1
⑨	細かいことが気になって疑い深くなる	4・3・2・1
⑩	周りの声を聞き過ぎて迷ってしまう	4・3・2・1

評価基準 4：全くない 3：あまりない 2：時々ある 1：よくある

「2」交換エネルギー（情力）の特性

思いやりで人の心を動かしていく情熱家

「2」のバイオエネルギーは「交換エネルギー」です。相手を中心に考える優しさと無償の愛で活性化していきます。思いやりや愛情で世界を築いていく特性を持つことから「情力（じょうりょく）」とも呼びます。

「2」のエネルギーは、下の「エネルギーの形と方向性」の図のように、1対1で向き合って交換することで発揮されます。その特性は「自分は周りから必要とされている」という実感を絶対的な自信に変えていくことです。

「2」交換エネルギー（情力）

エネルギーの形と方向性

エネルギーの特性	
マークの意味	1対1の交換をする
スピード	速い
光のイメージ	マゼンタ

「2」の人はこの図を常にイメージしながら、相手のことを思いやり、愛情を注いでい

くと、その言動に情熱が込められ、ツキが一瞬で呼び寄せられます。

ところが、絶対的な自信が揺らぐことがあると、エネルギーが弱くなります。反対に、自信が強くなり過ぎると、自分を犠牲にして過剰に人に尽くす特性が現れます。それぞれ表に出てくるマイナスの特性は異なりますが、いずれもエネルギーが不活性化している状態です。

では、「2」の人は具体的にどうすると、バイオエネルギーを活性化して無意識の世界を動かしていけるのか、6つのポイントを紹介します。

①先手必勝を心がける

「2」のバイオエネルギーは、エネルギー交換のスピードが速い特性があります。それは、**相手がしてほしいと思うことを即座に察知する能力**になって現れます。その能力を上手に活用して素直に誠実に人に尽くしていくと、「2」の温かくて優しいエネルギーに魅了され、人が自然と集まってきます。人の輪の中心に立つのも「2」の特性です。

ところが、エネルギーが弱くなると、人の気持ちを察する能力が落ち、人に優しくできなくなって笑顔も消えます。「自分がこんなにがんばっているのに、相手はまるで気づかない」と不満が募れば、何事もうまくいかなくなります。反対に自分を犠牲にしてまで人に尽くすようなことをしていると、エネルギーが強くなり過ぎて、自分自身が疲れるだけでなく、「余計なお世話ばかりする」と相手の反感を買うことが多くなります。

そんな「2」の人が常に活性化した状態を保つために心がけたいのは、「先手必勝」です。**自分の思いを真っ先に言葉にして、相手に伝える**ことです。人にやってあげたいことがあるときには、まず尋ね、相手が望むことだけを行います。自分がしてほしいことがあるときにも、その思いを直前ではなく、前もって伝えること。なお、「2」の人は相手の気持ちを先読みして自分を抑えてしまうところがありますが、一言、「言いにくいことですが」などの〝枕詞〟をつけると、自身の考えを伝えやすくなります。

②情熱を注ぐ

「2」の人は本来、情熱家です。感情豊かなコミュニケーションやスキンシップで、誰とでもすぐに打ち解けます。初対面でも気を利かせて話しかけるので、好印象を持たれます。**誰からも愛される存在になるのが「2」の魅力**です。

そうした情熱的なエネルギーは、大事な場面でツキを引き寄せます。**「自分はツイている」と感じる出来事を、大切な場面で引き寄せる**のです。

ところが、情熱が失われるとエネルギーは弱まり、ツキを引き寄せる力も消えます。自分の気持ちを素直に伝えられず、感情表現も乏しくなって、「愛想がない人」と周りに感じさせます。反対に、感情が理性を上回るほど情熱が高ぶるとエネルギーが強くなり過ぎ、自分の思いだけで「よい」「悪い」を区別します。好きな人にはお節介なほど思いやりを示すのに、嫌いな人には口も利かないほど冷徹に接します。

この状況を変えるには、情熱的なエネルギーを表に発することです。具体的には、**目の前の人や物事、仕事への情熱を言葉にして語っていく**こと。その際、感情豊かに抑揚をつけることでエネルギーはさらに活性化し、ツキを呼び寄せる力が強化されます。

③弱みを見せる

人に喜ばれ、世の中に必要とされることを原動力とする「2」の人は、人への気遣いが上手である半面、「ありがとう」「助かった」という言葉を常に相手から欲しています。

この「感謝」を求める気持ちは、エネルギーが強過ぎるときにとくに高まります。「礼も言えないのか」と怒りがわき、自ら関係を壊しやすくなります。

一方、感謝の気持ちが相手から示されないことで自信を失うと、エネルギーが弱くなっていきます。すると、人への気遣いを忘れます。気が利かない、人の悩みを察知できない、相手をイライラさせるなどの特性が表に出てきます。

「2」は、周りと良好な関係を築くことで活性化するエネルギーです。そんな「2」の人が周りと信頼関係を深める、とっておきの秘訣が2つあります。

1つめは、**「人のため」と行っている言動はすべて「自分がやりたくてやっている」と割り切る**ことです。この思考を持てると、相手から感謝の気持ちが返ってこなくても、エネルギーを不活性化させずにすみます。ビジネスも人間関係も「2」の人は「ギブアンドテイク」を重視しますが、自分が「ギブ」をしていけば、相手から感謝の言葉がなかったとしても、必ずそれ以上のエネルギーが返ってくるのが「2」の特性です。

2つめは、自分の弱みを見せることです。感謝を求める「2」の人は「気の抜けない相手」と周りに感じさせます。ですが、弱さを見せてくれる、ちょっと抜けているくらいの「2」の人は、かわいげや親しみを感じさせ、誰からも愛されます。自分を強く見せたい気持ちになりやすい「2」の人には、弱みを見せることが難しいかもしれません。ですが、**できないこと、苦手なこと、頼りないところ、弱いところなどをオープンにすることが「2」の魅力となって、周りの心をつかむエネルギーとなる**のです。

④本音で話す

交換エネルギーの「2」は、プラスのエネルギーを送れば、相手からもプラスで返ってくる特性があります。人脈を築く際も、**一人ひとりとプラスの交流を心がけるとネットワークが広がります**。関係が一度築かれると、長いつきあいになるのもその特性です。

ところが、「2」の人は、本音を隠すところがあります。弱さを人に見せることが苦手なため、エネルギーが弱くなっていると、なおのこと本音では話せなくなるのです。反対にエネルギーが強過ぎると、本音を言い合える人への仲間意識を高め、本音を話せない人は排除する冷酷さが出ます。集団に派閥をつくるのも、不活性化した「2」の特性です。

こうした状態にあると、信頼を失います。自分自身も良好な関係を築くのを勝手にあきらめ、「1人でがんばればいい」と思い込みます。しかし、この世界に一人でできることなど何もありません。「2」の人にとって大事なのは、**周りの人と本音で話すこと**です。「こんなことを言ってもよいのか」と思うことは、繰り返しになりますが、「言いにくいことなのですが」などの〝枕詞〟をつければ伝えられないことはなくなります。

ただし、すべての人と同じ距離感で接する必要はありません。「2」の人は、人を10か0かで区別するところがあります。**10のつきあいがあれば、2や3のつきあいがあってよいと、人によって距離感を調整する**ことです。そうやって上手にエネルギーを交換していくと、素晴らしい人脈を築けます。

⑤努力を惜しまない

好きなことには努力を惜しまず、コツコツと続けていけるのも「2」の特性です。また、ビジネスセンスにも優れています。**「2」の人はお互いの利益を大事にし、情熱を**

持ってコツコツと着実に事を成し遂げ、信頼と安心を勝ち取ります。

だからこそ、適正さを感じ取れない交流にはストレスが溜まります。すると、エネルギーが弱まり、新たなチャレンジができなくなります。「自分には能力がない」とあきらめ、努力をしなくなります。一方、自分の能力を過信すればエネルギーが強くなり過ぎて、好きなことへの思い入れが強くなり、周りの意見に耳を傾けなくなります。ビジネスでもフェアさがなくなり、怒りっぽくなります。

こうした特性を持つ「２」の人が心に置いておきたいのは**「名を取らず、実を取る」**という言葉です。元来は、人のサポートを得意とするエネルギーです。「世のため人のために尽くす」とコツコツ努力してこそ、成功という大きな実を収穫できるのです。

⑥無償の愛を心がける

「２」は社交的であり、お礼や感謝の気持ちを素直に伝えて、相手の誠意に応えることができます。その**温かくて優しい気持ちは、周りを癒します。**

ところが、思いやりの気持ちが失われてエネルギーが弱くなり過ぎると、社交性が自己中心的な特性に一変します。孤立するのは寂しいと心の中で強く感じながら自分から人の輪に飛び込んでいけず、誘われることを待つようになります。

反対に、相手から愛情を求めるようになると、エネルギーが強くなり過ぎて感情的になりやすく、「つきあいにくい相手」と周りに感じさせるようになります。「言わなくてもわかるようなことを、どうしてこの人はわからないのか」と相手を責める気持ちがわいてくるのは、エネルギーが不活性化している表れです。

「2」の人に最も大事なのは、無償の愛です。人のためにする行動はすべて自分がやりたいから行うことです。そうやって人の喜びを自分の喜びにできると、「2」の世界は一気に広がります。大切なのは、**自分は無償の愛をエネルギーにする特性の持ち主であると自覚し、「人の役に立ちたい」という心からの願いを原動力にする**ことです。

バイオエネルギー【2】の活性化状態の自己チェック表

	【2】が活性化している状態の自己チェック表	評価
①	よく気を使っている	4・3・2・1
②	継続的に努力し続けている	4・3・2・1
③	相手の立場を深く考えて対応している	4・3・2・1
④	本音で対応するよう心がけている	4・3・2・1
⑤	常に感謝の言葉を伝えている	4・3・2・1
⑥	常に協力する姿勢でいる	4・3・2・1
⑦	人の面倒を徹底して見ている	4・3・2・1
⑧	常に相手を立てることを意識している	4・3・2・1
⑨	出会いを大切にして縁をつないでいる	4・3・2・1
⑩	家族を大切にしている	4・3・2・1

評価基準　4：よくできている　3：時々できている
2：あまりできていない　1：全くできていない

	【2】が不活性にある状態の自己チェック表	評価
①	相手のことを考え過ぎて疲れてしまう	4・3・2・1
②	周りの目が気になって、その場だけ無理に取り繕う	4・3・2・1
③	親しくなるとわがままになり、気を遣えなくなる	4・3・2・1
④	本音を言わず、何を考えているかわからないと思われる	4・3・2・1
⑤	何かをもらったとき、お礼の言葉だけですませようとする	4・3・2・1
⑥	周りの意見を聞きすぎて断りきれなくなる	4・3・2・1
⑦	見返りがないと態度をひるがえしてしまう	4・3・2・1
⑧	立場が変わると態度も大きく変化する	4・3・2・1
⑨	意に沿わないことがあると相手を許せなくなる	4・3・2・1
⑩	外にばかり気を使って家族をないがしろにする	4・3・2・1

評価基準　4：全くない　3：あまりない　2：時々ある　1：よくある

「3」制御エネルギー（感力）の特性

臨機応変に夢をつかむ自由人

「3」のバイオエネルギーは「制御エネルギー」です。状況の変化に柔軟に対応し、周りからパワーを自在に取り込める特性があります。感性が鋭く、センサーのようにヒト・モノ・カネ・情報を引き寄せることから、「感力（かんりょく）」とも呼びます。

「3」制御エネルギー(感力)

エネルギーの形と方向性

エネルギーの特性	
マークの意味	制御し同化する
スピード	速い
光のイメージ	イエロー

「3」のエネルギーは、下の「エネルギーの形と方向性」の図のように、エネルギーをバランスよく均一に発しながら、周囲のエネルギーを取り込んで、自分の力にしていきます。「3」の人はこの図を常にイメー

ジしながら、「自分はどんなことにも臨機応変に対応できる」と絶対的な自信を持つと、自分も周りも大きく成長させられます。

ところが、その自信が失われることがあると、エネルギーが弱くなります。反対に、この自信が強くなると、物事を好きか嫌いかで決めつけるようになります。エネルギーが過度に強くなっている状態です。それぞれ、表に出てくるマイナスの特性は異なりますが、いずれもエネルギーが不活性化している状態です。

それでは、「3」の人は具体的にどうすると、バイオエネルギーを活性化して無意識の世界を動かしていけるのか、6つのポイントを紹介します。

①自由を大事にする

「3」のエネルギーの動きは速く、自由自在です。そのエネルギーは、**「自由、明るい、元気、器用」という「3」の人の長所と魅力**をつくります。

夢や目標の実現に向けては、使命感ではなく、「おもしろそう」という興味がチャレンジの動機になります。多方面にアンテナを張って、「すごい」と感じるものに出合うと一気に集中します。人が思いもしないようなアイデアを生み出すなど、天才的な力を発揮します。**1つを追求しながら多くのアイデアを広げていくのが「3」の特性**です。

このエネルギーの持ち主である「3」の人は、型にはめられることを嫌います。既存のルールや常識、マニュアル、上下関係など、自由自在に動き回ることを阻《はば》むような枠を感じると、エネルギーが低迷するのです。すると、エネルギーが不活性化して、弱くなります。自由に行動できなくなって、前向きになれず、多くのことに興味を失います。

反対に、自由を満喫したい気持ちが高まってエネルギーが強くなり過ぎると、いろいろなことに手を出し、どれもこれも中途半端に終わるという事態を招きます。

こうした「3」の人は、**「自分は自由に活動しているときに最も活性化するエネルギーの持ち主」と自覚**することが大事です。そのうえで、一度チャレンジしたことは、途中で諦めずに結果を出すことを意識すると、無意識の世界が動き出します。

②柔軟に対応する

「3」のエネルギーは流れが速いため、直感が働きます。**頭の回転も速く、柔軟性にも**

優れているので、どんなトラブルも見事に乗り越えられます。

ところが、相手から不本意な意見を押しつけられたり、一方的なクレームが入ったりすると、エネルギーが弱くなります。すると、柔軟性が失われ、直感も働かず、不測の事態にうまく対応できなくなります。

一方、周りの意見に耳を貸さなくなるほどエネルギーが強くなり過ぎると、自分の尺度で判断し、その場しのぎの対応をして、トラブルを生みます。

「３」が柔軟性を失うのは、窮屈さを感じたときです。ですから、「３」の人は「こうするべき」と自分を常識的なルールで縛らないことです。大事なのは、「自分はどんなことにも臨機応変に対応できる」という自由自在な思考から生まれる自信です。

その都度、**相手が喜ぶように柔軟な対応を心がけていくと、周りからの信頼が厚くなり、期待する以上の結果を勝ち取れます。**

③明るさを意識する

「３」のエネルギーは、四方八方に広がり、周りを明るく照らすイメージです。このエネルギーを持つ人は、**誰とでも笑顔で仲よくできるムードメーカー**になります。

ただし、「3」のエネルギーはスピードが速く、マイナスの感情を持つと、瞬間的に気分が変わり、突然、仏頂面をします。その変わり方は、周りに気分屋と映ります。エネルギーが弱くなると、表情が突然に暗くなり、周りに「怖い人」と思わせます。反対に、エネルギーが強くなり過ぎると、人の立場や状況を考えず、空気の読めない対応をし、「無作法な人」と感じさせます。こうしたマイナス面が、一瞬で現れるのです。

このように、「3」には明るさと暗さが共存します。ここを自覚し、人と一緒にいるときには、たとえそれが家族であっても、**意識的に明るさを表に出す**ことです。

ただし、常に明るくしようとすれば、疲れ果てます。人といるときに明るさを意識し続けるには、**思い切り気を抜ける自由時間を持つ**ことも必要です。自由時間では、一人気ままに過ごしてエネルギーを充電します。そうすることで余裕が生まれ、自らを上手にコントロールできるようになります。

④ヨイショしてくれる人を大事にする

「３」は創意工夫を得意とするエネルギーです。類まれな応用力と改良力で、新たな時代を築いていく経営者には「３」が多く見られます。「３」は、**現代の日本のように、変化の激しい時代にとくに強いエネルギー**です。

ただし、エネルギーが不活性化して弱くなってしまうと、興味の幅が狭くなってマイペースになり、自分の狭い世界だけで物事を考えるようになります。経営者がそうなってしまうと、過去の成功体験に固執し、新たな経営戦略を打ち出せなくなります。

一方、エネルギーが強くなり過ぎると、好き嫌いで興味の差が大きくなって、周りの価値観とかけ離れることが多くなります。常識にとらわれない奇抜なその発想を信じてよいのか、周りは判断できなくなるのです。

では、「３」のエネルギーを活性化させ続けるには、何が必要でしょうか。自分のことをよく理解し、**「あなたには才能がある」とヨイショしてくれる人を大事にする**ことです。明るくてノリのよい「３」は、ポジティブにヨイショしてもらうことで、エネルギーを活性化させ続けられます。

おだてると人は図に乗ってよくないだろうとみなさんは考えますが、「3」は結果を一つひとつ出していく特性を持っています。器用で多彩で頭の回転が速く、自分自身をコントロールする重要性も知っていますから、頭の中でリスクヘッジができています。ですから、「3」の人はいくらおだてても問題ありません。むしろ、明るくヨイショの言葉で背中を押し続けてもらうことが、「3」のエネルギーには大事です。

⑤今あるものを改良する

四方八方にアンテナを張っている「3」は、世の中の動向に敏感です。新たな刺激を常に求めて必要な情報を適切にキャッチし、時流に乗って次々とチャレンジしていくことができます。**最新の流行を捉えていて、世間で何が起こっているかにも詳しいので、時流に乗って新たなチャレンジをしていける**のです。このエネルギーが活性化していると、情報通で多趣味の特性が表れます。しかも、思考がスピーディになり、「おもしろい」「やってみよう」と思ったらすぐに動き出します。

ところがエネルギーが弱くなり過ぎると、自分から情報収集しなくなり、時流に疎く、毎日の生活に刺激が感じられなくなります。反対にエネルギーが強くなり過ぎると、刺激を求め過ぎて情報に振り回されます。新しいことに手を出し過ぎて、既存の価値や定番のよさに気づけなくなるのです。しかし、定番を壊して新たなものを生み出すのは、「3」の世界観ではありません。バイオエネルギーに反することを強行しても無意識の世界が動かず、願うような成果は得られないのです。だからこそ、自らのバイオエネルギーに適した進化成長のしかたをしていくことが必要です。

本来、「3」は、新たなものを生み出すことより、今あるものを創意工夫で改良していく力に優れています。「3」の人は、これをビジネスモデルにしていくと、会社を大きく発展させられるでしょう。重要なのは、**古い価値観や定番をリスペクトしたうえで、今あるものをよりよく発展させるために持ち前の情報収集力を活用していく**ことです。

⑥エンターテイナーになる

「3」の人は、全体を瞬時に見通し、全員が楽しくなるような話で場を盛り上げることが得意です。情報収集力に長け、何事も臨機応変に対応できる特性もあるので、場に応じた話題が頭にパッと浮かび、それを披露できるのです。

この能力は、プレゼンテーションや営業など、ビジネスでも大いに役立ちます。相手の関心を引くように話を進めていけるからです。明るく楽しく自分をアピールしつつ、人の気持ちを虜《とりこ》にできる「3」は天性のエンターテイナーともいえます。

「3」の人は**自分にはエンターテイナーとしての天賦《てんぷ》の才があると自覚することで、その力を自由自在に使いこなせる**ようになります。

ところが、エネルギーが弱ると、一転して周りの空気を読めなくなり、特定の人しか知らない話で盛り上がろうとします。反対にエネルギーが強くなり過ぎると、自分ばかりが楽しくなって表現がオーバーになり、周りのひんしゅくを買いがちです。

「3」は元来、人気者の素質があります。無邪気で憎めないところもあります。笑顔で周りに語りかけることさえ忘れなければ、人はついてきます。**明るく楽しく振る舞って、自らのバイオエネルギーを発揮していくことで、自分も社員も会社も、さらに進化成長していける**のです。

バイオエネルギー【3】の活性化状態の自己チェック表

	【3】が活性化している状態の自己チェック表	評価
①	常に明るく笑顔でいる	4・3・2・1
②	何事も臨機応変に対処している	4・3・2・1
③	誰に対しても平等に接している	4・3・2・1
④	好き嫌いせず何でもやっている	4・3・2・1
⑤	興味があることは深く追究している	4・3・2・1
⑥	常に楽しんでやることを心がけている	4・3・2・1
⑦	何事も前向きに取り組んでいる	4・3・2・1
⑧	常に情報を集め、周りに発信している	4・3・2・1
⑨	何事も柔軟な思考で取り組んでいる	4・3・2・1
⑩	常に感情をコントロールできている	4・3・2・1

評価基準　4：よくできている　3：時々できている
2：あまりできていない　1：全くできていない

	【3】が不活性にある状態の自己チェック表	評価
①	苦手意識を持つと暗くなる	4・3・2・1
②	余裕がなくなるとその場しのぎになる	4・3・2・1
③	相手によって態度が変わる	4・3・2・1
④	第一印象で好きか嫌いかを決めつけてしまう	4・3・2・1
⑤	途中で興味が持てなくなり飽きてしまう	4・3・2・1
⑥	気分によって左右され節操がなくなる	4・3・2・1
⑦	何かあると後ろ向きになって投げやりになる	4・3・2・1
⑧	マイナス情報に振り回され、周りに発信してしまう	4・3・2・1
⑨	好き嫌いが出て反発し、受け入れられなくなる	4・3・2・1
⑩	嫌なことを避けて通ろうとして逃げてしまう	4・3・2・1

評価基準　4：全くない　3：あまりない　2：時々ある　1：よくある

「4」蓄積エネルギー（持力）の特性

真面目に忍耐強く大業を成す正義の人

「4」のバイオエネルギーは「蓄積エネルギー」です。あらゆる要素を取捨選択し、必要なものを蓄えて保存していくことで活性化します。何事にも忍耐強く取り組み、事を成し遂げていく力に優れていることから「持力（じりょく）」とも呼びます。

「4」蓄積エネルギー（持力）

エネルギーの形と方向性

エネルギーの特性	
マークの意味	収集し蓄積する
スピード	ゆっくり
光のイメージ	ブルー

「4」のエネルギーは、下の「エネルギーの形と方向性」の図のように、周りからエネルギーを取り込み、蓄えていくパワーがあります。「4」の人はこの図を常にイメージしながら、「自分は正当に評価されてい

る」と絶対的な自信を持ち、自分がいる環境をベストな状態に維持・管理していくと、自分も周りも大きく成長させられます。

ところが、「自分は正当に評価されている」という自信が失われると、エネルギーが弱くなります。反対に、この自信が過度に強くなると自分のやり方にこだわって、融通が利かなくなります。周りに自分流のルールを押しつけている状態です。このとき、エネルギーが強くなり過ぎています。それぞれ、表に出てくるマイナスの特性は異なりますが、いずれもエネルギーが不活性化している状態です。

それでは、「4」の人は具体的にどうすると、バイオエネルギーを活性化して無意識の世界を動かしていけるのか、6つのポイントを紹介します。

①自分にとっての名コーチを持つ

「4」のバイオエネルギーを持つ人には、几帳面な特性が表れます。ルールやマナーなど決められたことを守り、約束も大事にします。きちんと物事を進めていくことに喜びを感じるタイプです。そんな義理がたさに周りは信頼を寄せます。

こうした「**4**」**の特性を一言で表すならば「仕事師」**です。一度始めた仕事は全力を尽くして最後までやり抜きます。ただ、何事も一人前になるまでには、人より時間がかかるのが「4」の特性です。堅実に基本を習得してから次に進むことを理想とするためです。エネルギーの流れがゆっくりなのです。

基本を習得するうえで重要なのは、納得して物事を進めていけるよう、自分を正当に評価し、応援してくれる人を持つことです。「4」の人は、「**自分の言動が正しく、正当に評価されている」という絶対的な自信がエネルギー活性化の原動力**になります。

この自信が損なわれることがあると、エネルギーは不活性化します。それによってエネルギーが弱くなると、几帳面な特性が一転して、ルール違反やマナー違反を繰り返すようになります。世間一般の常識に疎くなってしまうのです。

反対に、正当な評価を求める気持ちが高まり過ぎるとエネルギーが強くなり、ルールを守ることそのものにこだわって、周りにも無理強いをするようになります。そして、できない人に対して怒りっぽくなります。

だからこそ、「4」の人がエネルギーを活性化し続けるには、**信頼できる相談相手を**

意識して持ち、迷ったり困ったりすることがあったら、すぐに相談することです。名アスリートの隣にはいつも名コーチがいるように、「4」の人には自分を正当に評価し、応援してくれる人が必要です。

②忍耐力を持つ

「4」は、**周りのエネルギーを吸収して蓄え、自分の力としていく特性**があります。その蓄積されたエネルギーによって、抜群の体力と人一倍の忍耐力が発揮されます。どんなにつらくてハードなことも、自分の役目とあれば最後まで成し遂げます。

究極の状態まで追い込み、体力の限界までやり抜いた末に、自分の中に大きな気づきを得て、爆発的なエネルギーを発揮することもあります。

しかし体力や忍耐力が落ちて、エネルギーが弱くなり過ぎると、根気が失われて自分の役目を途中で投げ出したり、生活がだらしなくなったりします。反対に自分流のやり方にこだわってエネルギーが強くなり過ぎると、融通が利かなくなり、意地を張り、無理を繰り返し、自分のルールを周りに押しつける特性が表れます。「4」の人は「一度決めたことは、決めた通りにやる」と忍耐強く取り組むと、エネルギーを活性化させ続けられます。

ただし、忍耐強い「4」の人の特性は、病気に気づきにくくもします。体力抜群でどんな困難も耐える力に優れているのは、エネルギーのスピードがゆっくりで、鈍感さがあるからです。鈍感ゆえに何事にも忍耐強く取り組めるのですが、自分の健康にも鈍感になりがちなのです。**「無理せず休養をきちんととること」「睡眠と食事をおろそかにしないこと」**の2つは徹底して守りましょう。心身への気遣いは人生の成功に必須です。

③奉仕の心を持つ

ルールなど枠組みを大事に考える「4」の人は、礼儀礼節を重んじます。「親しき仲にも礼儀あり」というように、仲がよい相手ともけじめのないつきあい方は好みません。職業や役職、年齢など周りの人の立場を大切に考え、きちんと礼を尽くします。また、「4」は正義感にあふれたエネルギーです。**自らに蓄えたエネルギーを人の幸福のために使うことに喜びを感じる、徳に厚い人格**です。

しかし、エネルギーが弱くなり過ぎると、礼儀知らずの一面が現れます。人前で部下を叱りつけ、恥をかかせてしまっても、「自分が正しい」と信じている状態です。

反対にエネルギーが強くなり過ぎると、規則や規律で周りを縛るようになります。人を「格」で見て、格下と感じる相手には礼儀礼節に欠いた言動を取り、冷徹に接します。

「4」のエネルギーを活性化させ続けるには、**損得で人を見ず、奉仕する気持ちでおおらかに接することが大切**になります。

④整理整頓する

「4」の人の場合、エネルギーの状態は身の回りに映し出されます。社会を規則正しく整えていく特性は、自分の身の回りも整理整頓し、最適な状態にしようとします。その状態にあるとき、蓄財能力が高まります。「4」の人は**お金を蓄えることがうまく、一代で財産を築く**人が多く見られます。よって、活性化している「4」の人は、お金に不自由しません。お金が貯まっていくように自然と導かれるからです。

しかし、不活性化してエネルギーが弱くなると物欲が高まって、身の回りが物であふれ出します。自分の中の不足したエネルギーを満たしたいという願望が表れるためです。

反対にエネルギーが強くなり過ぎると、潔癖症の一面が現れます。自分が決めたルールの通りにしないと気がすまなくなるからです。そのうえ、高級品や貴重品をコレクションするなど、物に極端な執着を見せます。こうなると、「4」の経済力を頼りにするような人が集まってきて、切りたくても切れない縁が築かれることが起こってきます。

ですから、「4」の人は、まずは**身の回りの整理整頓を心がけ、大切なものと必要なものの、取捨選択の基準を明らかにする**ことです。ここが明確になると、自分にとって最適で心地よい環境を築けるようになります。

⑤笑顔で接する

私たちの社会は、何事もルールを基本に動いています。**社会が健全に保たれるようルールを整える役割を担うのが「4」の特性**です。エネルギーが活性化しているとき、「4」の人は古いことから学びつつ、現状をよりよく整えていくことに熱心に取り組みます。すると、組織や社会に安定感が生まれ、繁栄を継続させていけます。

ところが、エネルギーが弱くなると、歴史や人生観を軽んじるようになります。そうなると、人格に重みがなくなり、頼りがいのない人と周りには映ります。

反対にエネルギーが強くなり過ぎると、自分がこれまで築き上げてきたものに執着して、新しい価値観を受け入れられなくなります。意固地になる、保守的になるなどの特性が表れていたら、エネルギーが強過ぎている証拠です。

組織に必要なルールをつくり、それを周りに守ってもらえるよう働きかけることは、「４」の重要な役割です。その役割を全うしているとき、「４」のエネルギーは活性化します。ただし、「４」の堅実さは、周りに堅苦しさと厳しさを感じさせます。すると、周りは素直に「４」の話を聞かなくなります。周りに素直な心で受け入れてもらうには、笑顔をたやさないことです。そして、明るくおおらかに語りかけることです。「４」が周りと**良好な関係を築くために、気さくな笑顔ほど大切なものはない**のです。

⑥倹約家になり過ぎない

「４」のエネルギーが活性化されていると、**時間や金銭の管理を計画的に行うという、**

抜群のビジネスマインド（仕事に対する姿勢や考え方）を発揮します。

ところが、エネルギーが不活性化して弱くなると、計画能力が失われて、何事も行き当たりばったりの行動が多くなります。浪費グセも現れます。反対にエネルギーが強くなると、時間管理や節約に厳しくなり、周りに自分の基準を押しつけます。とくにエネルギーを不活性化させるのが、倹約家になって、蓄えることばかり考えることです。

「4」のビジネスマインドは、お金儲けに走ったり、倹約し過ぎたりすると、うまく発揮できなくなります。ですから、**「周りの人の幸せが、自分の幸せになる」とボランティア精神を働かせて、使うべきところでお金を使っていく**ことです。

バイオエネルギー理論ではお金もエネルギーと捉えます。自分のところに蓄積するだけでは、エネルギーを活かすことができません。エネルギーは、出すことで新たに入ってくるのが自然の理です。そうして蓄えたエネルギーが、人も物もお金も情報もさらに引き寄せ、自分がいる環境を繁栄させる力となるのです。

バイオエネルギー【4】の活性化状態の自己チェック表

【4】が活性化している状態の自己チェック表		評価
①	常にルールやマナーを守っている	4・3・2・1
②	整理整頓を徹底している	4・3・2・1
③	何事もまじめに取り組んでいる	4・3・2・1
④	途中で諦めず最後まで成し遂げている	4・3・2・1
⑤	全責任をもってやっている	4・3・2・1
⑥	約束は必ず守っている	4・3・2・1
⑦	時間管理を徹底している	4・3・2・1
⑧	金銭管理を徹底している	4・3・2・1
⑨	無償の奉仕ができる	4・3・2・1
⑩	体力維持のため健康に気をつけている	4・3・2・1

評価基準 4：よくできている　3：時々できている
2：あまりできていない　1：全くできていない

【4】が不活性にある状態の自己チェック表		評価
①	形に固執して多様性を受け入れない	4・3・2・1
②	必要のないものまで貯め込み捨てられない	4・3・2・1
③	億劫になって、やるべきことを後回しにする	4・3・2・1
④	つらいことがあると耐えられず、途中で諦めてしまう	4・3・2・1
⑤	結果が出ないまま、だらだらと続けてしまう	4・3・2・1
⑥	天秤にかけ、先に決めたものをないがしろにする	4・3・2・1
⑦	無理して安請け合いし、収拾がつかなくなる	4・3・2・1
⑧	お金を貯めることに執着し、使えなくなる	4・3・2・1
⑨	損得で判断し、本当の意味での奉仕ができない	4・3・2・1
⑩	ストイックに自分を追い詰め、無理をする	4・3・2・1

評価基準 4：全くない　3：あまりない　2：時々ある　1：よくある

「5」循環エネルギー（理力）の特性

豊かな知識で組織に調和をもたらす理論家

「5」のバイオエネルギーは「循環エネルギー」です。学んで得た知識を活用していくことで論理的に判断し、冷静に調和していくエネルギーです。宇宙や自然の法則にしたがって理路整然と判断する力であることから「理力（りりょく）」とも呼びます。

「5」循環エネルギー（理力）

エネルギーの形と方向性

エネルギーの特性	
マークの意味	循環し調和する
スピード	ゆっくり
光のイメージ	グリーン

「5」のエネルギーは、下の「エネルギーの形と方向性」の図のように、循環することによって周囲を調和していくパワーがあります。「5」の人はこの図を常にイメージしながら、「自分は周りを納得させることが

できる」と絶対的な自信を持って何事も熱心に学び、調和調整する力にしていくと、自分も周りも進化成長させていけます。

ところが、「自分は周りを納得させている」という自信が失われることがあると、エネルギーが弱くなります。反対に、この自信が強くなり過ぎると、自分の考えを優先して周りの人の意見を聞けなくなります。この状態のとき、エネルギーが過度に強くなっています。それぞれ、表に出てくるマイナスの特性は異なりますが、いずれもエネルギーが不活性化している状態です。

それでは、「5」の人は具体的にどうすると、バイオエネルギーを活性化して無意識の世界を動かしていけるのか、6つのポイントを紹介します。

①学び、考える

「5」は一言で言えば**「考える力」であり、人間だけが持つエネルギー**です。「5」のエネルギーのスピードはゆっくりですから、とにかく考えて、納得したうえで行動を起こすのが「5」の特性です。多くの知識から適切なものを選択し、**周りの状況を調和調**

整していくことが「5」の原動力であり、「周りを納得させることができる」という思いが絶対的な自信となってエネルギーを活性化させます。

この自信が失われることがあると、エネルギーは不活性化を始めます。

エネルギーが弱くなり過ぎると、考えがまとまらなくなって決断に時間がかかり、行動できなくなります。反対に強くなり過ぎると、自分の考えを優先させて、周りの意見を聞けなくなります。頭が固く、理屈っぽくなるうえ、考えが偏ってしまうのです。

「5」の人がエネルギーを活性化させるには、何事も「学ぶ」ことです。「5」は考えることがエネルギーの源になりますから、エネルギーを満たすには学ぶとよいのです。

学びには知識の吸収だけでなく、経験による学びもあります。学びが浅いうちは思考が堂々巡りになって、あれこれ悩みやすい「5」の人ですが、**学びを積んで割り切った考え方ができるようになると、絶大な強さを発揮**し、誰からも頼られる存在になります。

②わかりやすく話す

「5」の人は、**物事を理路整然と判断し、冷静かつ論理的に伝えていく**ことができます。

元来、頭がよくて思考も柔軟なので、相手の関心のありそうな話題を盛り込むこともできます。知識が豊富で、話題の引き出しが多いからこそ持てる能力です。

ところが、「周りを納得させている」という実感を持てないと、とたんに自信が失われます。とくに想定外の質問が出ると混乱してエネルギーが弱くなります。すると、構想がまとまらず、自分の考えていることがどんどん伝わらなくなります。

反対に、「周りを納得させている」という自信が勝ってエネルギーが強くなり過ぎると、自分の考えを優先して時間を考えずに話し続けます。もともとおしゃべりな特性はあるのですが、話に一貫性がなくなって、的を射た会話ができなくなります。

「5」の人は、「自分の話は難しくなりやすい」と自覚して、話し方を工夫することが必要です。大事なのは、**興味を持ってもらいたいと謙虚な気持ちで話す**こと。周りに理解できる言葉で伝えていくことは、それだけで「5」の人自身の学びにもなります。

③リスク管理を怠らない

リスク管理は、「5」の人に最も重要であり、難しいことでもあります。

元来「5」には、**頭がよく、思慮深く、勉強熱心で、情報収集力も高いという特性があるわけですから、危険を察知する能力も高い**のです。実際、周りのことは的確に分析して動向が読めますし、冷静に観察してリスクを回避する方法を示すことができます。ところが、自分のことになると客観視がとたんにできなくなります。経験にもとづいた自分の考えを優先し、周りの意見を受け入れられなくなるのです。

とくに、エネルギーが弱っていると、何がリスクかわからず、トラブルが起こっても解決できなくなります。そのため、何度も同じ間違いを繰り返します。反対に、エネルギーが強くなり過ぎると、周りのリスクはわかるものの、自分のことでは「大丈夫だ」「問題ない」と頑固さが出て、リスクを軽く見過ぎてしまう面が出てきます。周りの助言を軽んじた結果、トラブルに見舞われることも起こってきます。

しかし、トラブルが大きくなれば、代償も大きくなります。「5」の人は、「自分を客観視するのが苦手」と自覚し、ふだんからその目を厳しいくらいに持っておくことです。

元来、**頭がよい「5」の人は自分の考えを優先しがちですが、何事も周りの意見を素直に聞く謙虚さが必要**です。謙虚な気持ちで人の意見を聞けるようになると、無用なトラブルに巻き込まれる頻度を減らすことができます。

④聞き上手になる

循環エネルギーである「5」は、調和調整の力を働かせて、自分がいる環境を正しく導いていきます。この特性がある「5」の人は、エネルギーが活性化していると、周りからの相談事が多くなります。**誰もが自分の進む方向が正しいのか知りたく、「5」の人なら一緒に考えてくれると感じる**からです。「5」には人を癒すパワーがあるのです。

しかし、エネルギーが弱くなると、相談者に振り回され、気持ちが乱れます。内容の真偽を自分で判断せずに相手の話を無防備に信じ、問題点が見えなくなるためです。

反対にエネルギーが強くなり過ぎると、相手の話を最後まで聞かずに、解決策を示してしまいます。これには注意です。周りは、あなたに「話を聞いてもらいたい」と思っているのであって、問題を解決してほしいとは考えていないのです。にもかかわらず、「こうすると、うまくいく」とか、「それはあなたが間違っている」などと言えば、相手は上から目線で否定されたと感じ、「よかれ」と思ったアドバイスが嫌われる原因になってしまうのです。

聞き役に徹するのは、知識が深くて頭がよい「5」の人だからできることです。あなたに求められているのは、質問する力です。**自分の豊富な知識と頭のよさを活用して、いろいろな角度から質問していく**ことで、相手は自ら考えを整えていきます。「5」の人がアドバイスをするのは、相手から求められたときだけ。そのときには、上から目線の言い方にならないよう注意して、相手にわかりやすい言葉で伝えること。できるだけポイントをしぼって素直な気持ちで端的に話すと、相手の心に響く言葉になります。

⑤中立を保つ

物事を理路整然と調和調整していく「5」の人には、公平性という特性が表れます。人の悩みの9割は人間関係と言われるほど、人と人との対立は日常的に起こっていますが、中立的な立場で解決に導いていくのが「5」のエネルギーです。**多様で複雑な社会を調和調整して、あるべき状態に向かわせていく力がある**のです。

どちらか一方に味方するなど判断が偏ったり、自分の主観だけで善悪をつけたりするときには、エネルギーが弱っている証拠です。「5」の人は、中立的な立場の重要性を忘れると、自分の主観だけで批評を繰り返す評論家のようになってしまいます。

一方、エネルギーが強過ぎると、問題解決に働きかけるどころか、人に対する気配りのしかたを見失い、無神経な言動で人を傷つけてしまいます。そもそも、「5」の人の思考の根底には、「自分が正しい」との思いがあります。それゆえ、自らの言動で相手のエネルギーを低下させても、そのことに気づきにくいのです。

だからこそ、「5」の人は常に中立的な立場を意識しておくことです。**人と人との関係における中立性も大事ですし、自分の思いに偏り過ぎないという中立性も重要。**このことを意識できるようになると、周りの信頼を高められ、頼れるリーダーとして存在感を発揮できるようになります。

⑥言葉を大切にする

「5」の人が自分のいる環境を調和調整していくとき、最も重要なのが言葉です。一つひとつ尋ね、答えていくといったように、言葉を大切に扱うことです。

具体的には、5W2Hを使って、「ホウ・レン・ソウ（報告・連絡・相談）」を徹底すること。5Wは「いつ、どこで、誰が、何を、なぜ」。2Hは「どのように、いくらで」。ここを意識して、**ホウ・レン・ソウを徹底すると、誠実な人柄が周りから評価**されます。

しかしエネルギーが弱くなり過ぎて、これを実践できなくなると、自分の言動の意図や考えが相手に正確に伝わらず、誤解されることが多くなります。反対にエネルギーが強くなり過ぎると、表現や言い回しが難しくなって、相手の理解を得られなくなります。相手がわかっているかどうか確認せず、難解な言葉や文章を使うからです。

最も大切なのは、相手の考えを素直に聞くこと。「自分が正しい」との思いで突っ走らず、相手の考えを確認し、わかりやすい言葉で自分の思いを伝えましょう。**「5」は、素直さと謙虚さを持てれば最強**です。元来の頭のよさに素直さと謙虚さが加わることで、誰からも必要とされるリーダーとなり、大志を実現していくパワーが与えられるのです。

バイオエネルギー【5】の活性化状態の自己チェック表

	【5】が活性化している状態の自己チェック表	評価
①	よく考えてから行動している	4・3・2・1
②	人の話をよく聞くことを心がけている	4・3・2・1
③	「報・連・相」を徹底している	4・3・2・1
④	客観的に物事を判断している	4・3・2・1
⑤	どんなときも冷静に対処している	4・3・2・1
⑥	気楽に人の相談に乗っている	4・3・2・1
⑦	納得してもらうように丁寧に説明している	4・3・2・1
⑧	常に問題の原因を追求し解決している	4・3・2・1
⑨	常にリスクを想定して回避に導いている	4・3・2・1
⑩	勉強熱心でいろいろ学んでいる	4・3・2・1

評価基準　4：よくできている　3：時々できている
2：あまりできていない　1：全くできていない

	【5】が不活性にある状態の自己チェック表	評価
①	情報に疎く、考えが偏り、独りよがりになる	4・3・2・1
②	自分の考えに固執し、周りの意見を聞かなくなる	4・3・2・1
③	言わなくてもわかるだろうと思い、情報共有しない	4・3・2・1
④	頑固になり、自分の考えだけで物事を判断する	4・3・2・1
⑤	考え過ぎて堂々めぐりになり、決断できない	4・3・2・1
⑥	上から目線で取っ付きにくく、相談しづらい	4・3・2・1
⑦	説明が回りくどく、要点がわからず、周りが理解できない	4・3・2・1
⑧	問題を軽視し、原因を追求せず、同じ失敗を繰り返す	4・3・2・1
⑨	リスクを想定せず、想定外の事態に対応できない	4・3・2・1
⑩	勉強不足で知識が浅く、知ったかぶりをする	4・3・2・1

評価基準　4：全くない　3：あまりない　2：時々ある　1：よくある

「6」発散エネルギー（動力）の特性

結果を見通す力で世界を変える挑戦者

「6」のバイオエネルギーは「発散エネルギー」です。瞬時の判断と気楽かつ機敏な行動で、あらゆるチャンスを呼び込むパワーがあります。目標やテーマが示されれば迷わず突き進む力であることから、「動力（どうりょく）」とも呼びます。

「6」のエネルギーは、下の「エネルギーの形と方向性」の図のように、四方八方に発散されていきます。「6」の人はこの図をイメージしながら、「自分は必ず結果を出す」という絶対的な自信を持つと、四方

「6」発散エネルギー（動力）

エネルギーの形と方向性

エネルギーの特性	
マークの意味	あらゆる方向に発散する
スピード	速い
光のイメージ	レッド

に発散していくエネルギーが飛躍や拡大をもたらし、社会に変革を起こす力となって発揮されていきます。

ところが、「自分は必ず結果を出す」という絶対的な自信が失われることがあると、エネルギーが弱くなります。反対に、自分の経験だけで物事を判断し、相手に考えを押しつけているとき、エネルギーは過度に強くなっています。それぞれ、表に出てくるマイナスの特性は異なりますが、いずれもエネルギーが不活性化している状態です。

それでは、「６」の人は具体的にどうすると、バイオエネルギーを活性化して無意識の世界を動かしていけるのか、６つのポイントを紹介します。

①人の意見を聞く

発散エネルギーである「６」は無から有を生み出すパワーがあります。このバイオエネルギーを第２数に持つ人は、瞬時の判断で即座に行動を起こしていく突破力に優れています。しかも、頭にアイデアが次々に浮かんでくる特性があります。チャレンジ精神も旺盛ですから、アイデアをすぐに行動に移したいと考えます。

その行動を結果に結びつけるために大事なのが「自分は必ず結果を出す」という絶対的な自信です。この**自信を持って何事にも楽観的に挑戦していくと、アイデアを結果に結びつけていく**ことができます。

ところが、自信が失われてエネルギーが弱くなると、行動を起こすことが億劫《おっくう》になり、面倒から逃げ出したくなります。反対に、エネルギーが強くなり過ぎると、計画性や一貫性がなくなって、思いつきだけで次々に行動するようになります。後先考えない無謀な言動は、チャンスを逃すことにもつながります。

では、「6」の突破力という特性を結果に結びつけるには何が必要でしょうか。

行動を起こす前に人の意見を聞くことです。「6」の人は、自分の判断だけで物事を進めると空回りしやすい特性がありますが、「どう考えますか?」と人の意見を聞き、根回しをしてから行動に移していくと周りの賛同を得やすくなるうえ、自らの思考を整理でき、効率よく目的を達成できるようになります。

②楽観的にチャレンジする

「6」のエネルギーが活性化していると、**未知の分野へのチャレンジ精神が旺盛**になります。現状に満足せず、進化成長したい気持ちが強まります。その楽観的な思考が、失敗を恐れずに思い立ったら行動するエネルギーを生むのです。

ところが、「必ず結果を出す」という自信を持てないとエネルギーが不活性化します。エネルギーが弱まればチャレンジを恐れて慎重になり、次の行動を起こせなくなります。一方、エネルギーが強過ぎると過去の失敗を忘れ、失敗を繰り返すようになります。

「6」は何事も楽観的にチャレンジしているときに活性化するエネルギーです。その楽観性は、「失敗は成功のもと」と先々を明るく見通すことで発揮されます。ですから、一度やると決めたことは必ず結果を出せると信じ、たとえ**失敗したとしても、それも1つの結果だと楽観的に捉えて、チャレンジ精神を持ち続ける**ことが大事です。

なお、「6」の人は忘れっぽい特性を持ちます。これは、「6」の長所です。すぐに忘れることができるから、失敗を恐れず、楽観的に新たなチャレンジができるのです。ただ、同じ失敗を繰り返しては進歩がありませんし、周りの信頼を失うことになります。大事なのは、失敗したらすぐに反省して原因を追求する習慣を持つことです。そうして前進していけば、忘れっぽい特性があっても、同じ失敗をせずにすみます。

③直観を働かせる

「6」の人は、直観力に優れています。直観力とは、結果を見通す力のことです。

また、「6」のエネルギーの流れは、スピードが速いという特性があります。直観力が活性化した状態にあると、瞬時に結果が映像で見えます。そこにたどり着くまでの**方法は見えないのですが、結果だけがはっきりと見える**のも「6」の特性です。

この力が働くからこそ、「6」は経験のないことにも果敢に挑戦できます。合理的で矛盾のない判断をして、事を成し遂げていくのです。

しかし、エネルギーが弱くなり過ぎると、経験がないことに対して自信が急になくなって、優柔不断になります。迷いが生じれば、結果も出せなくなります。

反対に「自分ならできる」との思いが強くなり過ぎて客観性を失うと、自分の経験だけで判断して周りの言葉を受け入れず、強引に押し通すようになります。「6」の結果を見通す力は、周りが賛同してくれてこそ役立ちます。一人ではできないことも、周りが協力してくれるから結果に結びつけていけるのです。

「6」の人が賛同者を増やすためには、**見通した結果を伝えて、賛同を得られたときにのみ実行していく**ことです。反対に、賛同を得られないことを行動に移すと空回りしやすくなります。ここを見極めて行動を起こすことが、「6」の成功の秘訣です。

④自力で成し遂げる

「6」の人が、飛躍・拡大のパワーを発揮するのは、常に自立し、人に頼らず、何事も自力で成し遂げようとしているときです。**現状に甘んじない、自力で成し遂げるという特性が表れていると、バイオエネルギーは活性化**し、大きく飛躍、発展します。

反対に、自立心が失せ、人に頼る気持ちが強くなってくると、「6」のエネルギーは弱くなります。迷うことが多くなって、決断を人任せにするなど他力本願になるのです。

一方、エネルギーが強過ぎると、何でも自分で決めないと気がすまなくなり、自己中心的な言動が増えていきます。その姿は周りに「排他的」「傍若無人」と感じさせます。

「6」のエネルギーが不活性化するのは、「必ず結果を出す」との自信が失われているときです。自力で事を成していけばエネルギーは活性化するのですから、失敗を恐れないことです。たとえ失敗したとしても、それは自分が進む道を明確にしていくための1つの結果で、取り返しのつかないような失敗にはならないはずです。

ですから、「6」の人は**失敗を恐れず、リスクも恐れず、「やってみたい」と思ったら、自立心を働かせて行動していく**ことが重要です。「6」の飛躍のパワーは自力でチャレンジしていってこそ発揮されるのです。

⑤プラス発言をする

「6」の人は、**何事も本音でプラス発言し、相手を単刀直入に褒め、その気にさせていく**と、周りの人や会社を飛躍発展させていくことができます。

とくに人を褒めるときにはストレートに伝えると、相手の心に響きます。「そんなふうに思ってもらえるなら、もっとがんばろう」と相手のやる気を刺激できるのです。

ところが、エネルギーが弱くなると、人を褒めるどころか話すことさえ億劫になり、無口になります。すると「何を考えているのかわからない」と周りに感じさせ、孤立しやすくなります。一方、エネルギーが強くなり過ぎると、相手に理解してもらいたい、もっとよくなってもらいたいという気持ちが強くなり、オーバートークになりがちです。すると、相手の都合のよいように拡大解釈され、誤解を生みます。

「6」の人にとって言葉はエネルギーそのものです。組織をプラスに発展させたいならば、プラスの言葉を使い、マイナスは言わないことです。なお、プラス発言で大事なのは、**相手が喜ぶように褒め、気持ちを盛り上げる**ことです。大事なのは、相手をワクワクした気持ちにさせること。すると、「この人と一緒に夢を実現させたい」と「6」の志を応援してくれる賛同者が増えていきます。

⑥頼まれ事は引き受ける

エネルギーを四方八方に発散している「6」は好奇心が旺盛で、「これだ」と思えば次々にチャレンジしていきます。ただ、その姿は周りにどこかとらえどころなく感じさせます。そうした「6」の人が周りからの信頼を勝ち得るには、**頼まれ事はスピードを意識して確実に成し遂げる**ことです。自分の立場や見返りなどを気にせず、人のために行動することで、「6」のエネルギーが四方八方に広がり、多くの人を賛同者にしていけます。

頼まれ事を後回しにすると、自分のエネルギーが不活性化します。エネルギーが弱くなれば、頼まれ事を「面倒くさい」と感じ、中途半端な結果しか出せなくなります。一方、エネルギーが強くなり過ぎると、よかれと思って相手が望んでいないことまで先回りしてやり、相手に「お節介」と受け取られることが多くなります。

大事なのは、「お願いします」と言われたことを、相手が喜ぶ形でスピーディに実行することです。ただ、直観力の働く「6」は、それがよい結果に結びつかないと見えることがあります。そのときにも相手を否定せず、「わかった、やってみよう」といったん引き受けたのちに「このくらいのリスクはあるかもしれない」と伝えることです。

「6」のエネルギーは、**世のため人のため、求めに応じて行動することで活性化**します。それによって周りの信頼を得て、自分の世界を拡大する力を発揮できるのです。

バイオエネルギー【6】の活性化状態の自己チェック表

【6】が活性化している状態の自己チェック表		評価
①	常に新しいことを積極的に体験している	4・3・2・1
②	自分でやるべきことは自力でやっている	4・3・2・1
③	何事も即実行している	4・3・2・1
④	常に気楽な気持ちで行動している	4・3・2・1
⑤	前例にないことでも果敢に挑戦している	4・3・2・1
⑥	自然に人を褒めている	4・3・2・1
⑦	常にプラス発言を心がけている	4・3・2・1
⑧	常に斬新な考えをとりいれている	4・3・2・1
⑨	頼まれごとは困難でもやり遂げている	4・3・2・1
⑩	チャンスを結果に結びつけている	4・3・2・1

評価基準　4：よくできている　3：時々できている
2：あまりできていない　1：全くできていない

【6】が不活性にある状態の自己チェック表		評価
①	いろいろ心配して取り越し苦労する	4・3・2・1
②	自分で動かず人任せにする	4・3・2・1
③	せっかちに行動して周りを混乱させる	4・3・2・1
④	結果が出ないと焦ってイライラする	4・3・2・1
⑤	うまくいかないとすぐ見切りをつけすぎる	4・3・2・1
⑥	相手の問題点が気になり、追及して傷つける	4・3・2・1
⑦	オーバートークになり、不審がられ誤解される	4・3・2・1
⑧	的外れな提案をして賛同が得られない	4・3・2・1
⑨	無理難題を頼まれて嫌な気持ちになる	4・3・2・1
⑩	ピンチを人のせいにして押しつける	4・3・2・1

評価基準　4：全くない　3：あまりない　2：時々ある　1：よくある

バイオエネルギー理論は人を活かすために使おう

エネルギーの状態は見た目に表れる

バイオエネルギー理論が人的資本経営に有効なのは、「1」から「6」の特性を知ることで、社員一人ひとりの言動の理由を理解できるようになるためです。

また、エネルギーの状態も的確に読み取れるようになります。

具体的には、エネルギーが活性化していると、次の〈プラス面〉が表に出てきています。反対に、不活性の状態にあると〈マイナス面〉が見られるようになります。

バイオエネルギー	〈プラス面〉		〈マイナス面〉
◎「1」	上品で信頼性がある	↕	疑い深く品格がない
◎「2」	優しく人柄がよい	↕	自分勝手で冷たい
◎「3」	平等に明るく前向き	↕	好き嫌いがあり後ろ向き

◎「4」**けじめがあり真面目**　↕　**ルーズで礼儀知らず**
◎「5」**素直で理解力がある**　↕　**頑固で物事を知らない**
◎「6」**積極的に行動し結果を出す**　↕　**消極的で人に頼る**

ここをポイントに社員を観察すれば、その人のエネルギーの状態がよくわかります。また、自分自身の観察にも使えます。あなた自身も周りからはそう見えている、ということです。よって、〈マイナス面〉にならないよう、〈プラス面〉を意識して行動することが大切になります。

モチベーションの上げ方はバイオエネルギーによって異なる

社員に〈マイナス面〉が見られるときは、どうするとよいでしょうか。大事なのは、「軽々しく変えようとしない」です。バイオエネルギー理論の6つ目の黄金ルールは、**「相手は気づきを与えてくれる存在なので、相手を変えようとしない」**です。相手のバイオエネルギーの特性がわかると、「もっとこうすれば、この人はよくなる」と鮮明に見えてきます。しかし、「あなたは『６４４』だから、こんなところがある」という発言は絶対にしないことです。相手にとって「自分の知らない自分」を伝えることになるので、マイナスに取られやすく、相手のエネルギーを不活性化させてしまうからです。例外的に言及できるのは、相手が望んでいるときにだけです。

では、経営者が社員のバイオエネルギーを知ることは、なぜ必要なのでしょうか。

人を変えるためではなく、人を活かすためです。

バイオエネルギーが異なれば、モチベーションを高めるための声のかけ方も違ってきます。その人の第2数を知り、絶対的な自信を持てるように声をかけていくと、エネルギーを活性化できます。すると、その人は自ずと能力を発揮し、生産性を高めます。これこそ、まさに戦略的に行う人事マネジメントであり、人的資本経営のあり方です。

プラスの言葉にはプラスのエネルギーが宿る

経営者が「社員によくなってもらいたい」と思うのは当然です。ミスは指摘する必要はあるし、改善に向けての指導も不可欠です。相手の改善につなげたいと心から感じたときには、マイナスの感情を伴わずに事実関係のみを冷静にとらえ、自分自身を客観視しながらプラスのエネルギーを使って語りかけることです。

たとえば、社員が同じミスをくり返すとき、「どうして同じミスをするんだ！」というのは、当事者意識を欠いたマイナスの言葉です。これは、「よく確認してからやってほしい」と行動のあり方を冷静に示すことで、プラスのエネルギーを相手に送れます。

無意識の世界を味方につけるためには、マイナスの現状を事実であったとしてもコメントしないことが重要です。責任を追及する言葉も同様です。一般に、物事が思い通りにならない人は、思い通りにならないことを事実として、日常的にコメントしています。批判、グチ、悪口がその代表です。

無意識の世界には、人称がないと前述しました。他人に向けた言葉も、無意識は自分のこととして捉えます。マイナスの言葉を口にすれば、それを無意識の世界が望んでいると捉え、ますますトラブルが起こります。しかし、プラスの言葉を使えばその言葉にプラスのエネルギーが宿り、社員をプラスの方向へ導いていけるのです。

利害関係者を「真の賛同者」にする

バイオエネルギー理論を「パーパス」に取り入れる

「ステークホルダー」という言葉があります。企業が経営するうえで影響を受ける利害関係者のことです。社員や経営者、お客様や取引先など、仲間意識を持って、ともに業績を上げていく関係者のことです。

バイオエネルギー理論では、こうしたステークホルダーに加えて、自分にかかわるすべての人を「利害関係者」と呼びます。家族も友人もみな利害関係者です。自分がプラスのエネルギーを発すれば周りの人たちには「利」があります。あなたがマイナスに陥れば、「害」となります。ですから、周りの人たちはみな利害関係者であり、あなたにプラスのエネルギーを送ってほしいと、無意識に感じています。

では、私たちに内在するバイオエネルギーの源は、どこにあるのでしょうか。

答えは、未来です。**バイオエネルギーは常に未来から流れてきます。**ですから、バイオエネルギーを活性化させるには、未来を明るく照らしておくことが重要です。

経営者であれば、どんな社会貢献をしていきたいか、志を明確な言葉で利害関係者に示すことです。これが「パーパス（Purpose）」です。パーパスとは直訳すると「目的」との意味ですが、ビジネスでは存在意義や存在理由を指す意味で使われます。

「何をする会社か？」ではなく「何のためにこれをやるのか」という、企業や組織の根幹となり、経営のよりどころとなる指針ともいえます。

パーパスを明確にすることで、経営者と社員がより強固な一枚岩となり、同じ方向に進んでいくことが可能となります。さらにパーパスを広く世間に発信することで、企業の認知度が高まり、信頼性を深めることもできます。このパーパスを経営の軸とし、魅力ある存在意義を明確に発信し続けることが、今、世界的に求められているのです。

経営者の第2数をパーパスに込める

ところが、どのようにパーパスを策定してよいかわからない経営者が多くいます。**会社の成長と発展のためには、経営者が自分自身のバイオナンバーの第2数からパーパス**

を確立することが効果的です。

ビジネスで重要なのは、商品やサービスにトップの熱いエネルギーを込めることです。人は、その熱いエネルギーに他にない魅力を感じ、選択する理由にします。だからこそ、トップが自分自身のエネルギーの特性を知り、その特性に即したパーパスを確立すれば、トップのエネルギーとパーパスにズレが生じず、パーパスの言葉が真っすぐに利害関係者に伝わっていきます。すると、商品やサービスの一つひとつに熱いエネルギーが宿り、他にない価値が生じるのです。

日本レーザーのパーパスは、次の通りです。

「世界の光技術を通じて、科学技術と産業の発展に貢献します。働く全ての仲間に、自己成長と自己実現の機会を提供します。」

「4」のエネルギーは、正義感が強く、周りの人たちのために行動し、社会に貢献していくというボランティア精神の高さが大きな特性です。このエネルギーを「4」である近藤氏は、日本レーザーのパーパスに込めているのです。

「真の賛同者」の増やし方

志を実現させるためには、応援してくれる利害関係者を増やしていくことが肝要です。日本レーザーでは、そうした人を「応援団」と呼んでいます。バイオエネルギー理論では「賛同者」といいます。応援団と賛同者は同じ意味です。

自らの第2数はあなたの魅力です。その魅力をクレドやパーパスに込めたら、次は賛同者を増やすというステップに入ります。それには、**自身の第2数の「裏」となるバイオエネルギーを意識的に活性化していく**ことです。具体的には以下の通りです。

◎「1」の場合は「6」　◎「2」の場合は「5」　◎「3」の場合は「4」
◎「4」の場合は「3」　◎「5」の場合は「2」　◎「6」の場合は「1」

これらは、**表と裏の関係になり、正反対のエネルギーを持っています。バイオエネルギー理論によると、その正反対のエネルギーが、あなたの周りには流れています。**たとえば、自分の第2数が「1」の場合は、周りには「6」のエネルギーが流れます。そのため、利害関係者はあなたに「『6』ができて当たり前」と無意識に求めています。ところが、本人にとっては、裏のバイオエネルギーを実践するのは難しいのです。自分の真の特性と正反対のことを実践しなければいけないからです。

周りの利害関係者が、願っているように自分の賛同者になっていかないのは、裏のバイオエネルギーを活性化できていない表れです。

苦手なことを意識して取り組むのは、まさに人生の修行です。自分自身にとって、成長ののびしろとも言えるでしょう。ですが、方法は明確に示されています。裏のバイオエネルギーの項目を読み、一つひとつ実践すればよいのです。それらが利害関係者があなたに求めていることです。これができると、あなたへの評価が向上し、真の賛同者が増えていきます。

ビジネスパートナーとも信頼関係を築きやすい

バイオエネルギー理論によると、利害関係者から返ってくるのは、活性化した裏のバイオエネルギーです。

【「表（第2数）」のバイオエネルギー】
「1」人を信頼し、夢を与え、正しく導く
「2」人に温かく思いやりを持って優しく接する
「3」人に明るく笑顔で分け隔てなく接する
「4」人にほどよく利益を与え、奉仕する
「5」人の話を素直に聞き、認め、受け入れる
「6」人のよいところを褒め、プラス発言する

【返ってくる「裏」のエネルギー】
↓「6」行動し結果を出してくれる
↓「5」素直に受け入れてくれる
↓「4」利益を与え奉仕してくれる
↓「3」明るく楽しくしてくれる
↓「2」優しく気を遣ってくれる
↓「1」信頼し味方になってくれる

周りの人を利害関係者と呼ぶのは、主観的なものの見方です。社員やビジネスパートナーに対して、自分を主軸として相手が喜ぶこと、あるいは求めているものを提供していくことが、ビジネスを成功に導きます。

ここで必要となるのが、自分の裏のバイオエネルギーを活性化することです。**利害関**

係者は常に「裏のバイオエネルギーを自分に対して実践すること」をあなたに求めています。その相手の思いをあなたが満たしているとき、周りから返ってくるのは裏のバイオエネルギーです。つまり、相手から裏のバイオエネルギーを感じられれば、利害関係者があなたの賛同者となっているとわかります。

さらに、周りの人の第2数がわかれば、その人を客観的に理解できるようになります。言動の理由を冷静に分析できるなど、相手をより深く理解していけます。第2数は誕生日がわかれば調べられます。早見表の表Bのどれを使ってもよいので、誕生月と誕生日が交わった数字の真ん中を見てください。それがその人の第2数です。

なお、「人を活性化する人的資本経営」は、経営者が次の3つの段階を追って実践していくと成功させやすくなります。

〈1ステップ〉自分の第2数を活性化して、無意識の世界を動かしていく
〈2ステップ〉裏のバイオエネルギーを活性化させ、利害関係者と良好な関係を築く
〈3ステップ〉社員の第2数を知って、社員をより客観的に理解する

第2章

日本レーザーが行う「人を活性化する経営」

バイオエネルギー理論をもとにビジネスモデルを構築する

「何のために会社を経営し、存続させるのか」

本章では、日本レーザーがバイオエネルギー理論をどのように「人を活性化する人的資本経営」に活かしているかを伝えていきます。そこで、**本章では再び私、近藤の一人称で本文を進めていきますが、バイオエネルギー理論の解説は香川氏が担当**しています。

多くの経営者は、「コストダウンの方法」「売上ののばし方」「商品開発の方法」で経営を考えます。しかし、私は「何のために会社を経営し、存続させるのか」という視点から常に経営を考えています。

会社は、働く人たちにとっての生きる舞台です。その舞台は常にワクワクと楽しく、幸せで、社員たちが進化成長できる場所にしていきたいと考えています。そのためには、「雇用が守られている」という心理的安全性が土台となっていなければなりません。

「雇用を守れない企業は、社会的に存在意義がない」というのが私の信念です。

この信念を持つようになった背景には、労働組合の執行委員長として国内で１０００人以上の人員削減・企業再建にかかわり、アメリカでも責任者として20％以上の雇用を犠牲にした経験があります。それが当時の私の役目だったとはいえ、多くの人が涙しながら会社を去る手伝いをした事実は、今も消えることのない心の痛みとして深く残っています。だからこそ、自身が経営者になった以上、解雇はしないというのが、私の最大の経営理念です。雇用以上の社会的意義は企業にないと信じているのです。

周りで起こることは、すべてが自分へのメッセージ

ビジネスでは次から次へ予想外のトラブルが起こってきます。その一つひとつがエネルギー現象であり、気づきがあります。

「周りで起こることは、すべて自分へのメッセージであると受け入れる。周りはすべて自分が引き寄せ、自分がつくりあげた世界である。自分が気づいて自己修正すれば、周りの世界は変わる」

これが、バイオエネルギー理論の７つ目の黄金ルールです。

私も、バイオエネルギー理論を学ぶ以前、同じようなトラブルを繰り返していました。しかし、トラブルを自らの進化成長の原動力とすることができるようになって、自分自身が変わると、日本レーザーの社風は確実によくなり、業績ものびました。この20年間に限っても、売上は3倍になり、社員1人当たりの生産性も高くなりました。

社会的課題はルールを設け、遂行することで実現できる

私が行う「人を活性化する人的資本経営」では、第2数の「4」をプラスに発揮し、社員の雇用と利益を両立できるルールを徹底して構築しています。たとえば、「働き方改革の実現」で提起された左記の課題は、当社ではこれまでにほぼ実現しています。

1）非正規社員の一掃（派遣やパートの社員が望めば正規社員になれる仕組みを構築。

現在、非正規社員はいない）

2）労働時間の削減

3）有給休暇の消化促進

4）賃金の引き上げ

5）同一価値労働同一賃金
6）女性の活躍推進（幹部社員や管理職の30％は女性）
7）障碍者雇用の促進
8）長期間（半年）の男性社員育児休業制度
9）がんや病気の社員が仕事と闘病を両立できる制度
10）高齢者の就業促進
11）外国人の受け入れ　等

どのように実現したのかといえば、一つひとつを日本レーザーのビジネスモデルに即した形でルールを設けて、着実に根気よく遂行していったのです。

こうしたルールは、生真面目に実行すると社内を堅苦しくさせます。そこで、社員や顧客と接する際には、私の裏のバイオエネルギーである「3」を徹底して実践しています。それが私の利害関係者が求めていることだからです。具体的には、どんなときにも笑顔をたやさず、社員の要望や意見に柔軟に応えていく臨機応変さを大切に行動することです。そうしてこそ、社員は私のつくったルールを受け入れてくれるのです。

社員のモチベーション向上には、バイオナンバーを把握せよ

全社員のバイオナンバーを一覧にする

会社経営において最も重要なのは、社員のモチベーションです。**会社の成長は、社員のモチベーションが10割**と私は考えます。どんな会社も悩みのもとは「人」にありますから、業種にかかわらず、社員のモチベーションを上げる仕組みが必要になります。

社員のモチベーションを高める方法の一つとして、私は全社員のバイオナンバーを一覧にして手帳に貼り、ことあるごとに見ています。巻末の早見表で一人ひとり調べるのが大変ならば、ベックスコーポレーションが無料で提供する「BIONUMBERアプリ」を使えば、簡単です（巻末にバーコードを掲載しています）。

社員それぞれのバイオナンバーがわかっていれば、**外見に隠された特性や言動の理由を客観的に読み取れます。**相手を深く理解できるので、どのように声をかけ、チャンスを与えていくとよいのか、モチベーションを高める方法が明らかになります。「モチベ

ーションを高める」というと抽象的でわかりにくいのですが、バイオエネルギーを活性化する方法は明確です。それぞれの第2数が活性化するよう働きかければよいのです。

なお、社員が取締役に就任する際には、社員教育の一環として1年間バイオエネルギー理論を香川氏から直接学ばせてもらっています。これをリーダー研修と呼びます。

「『人を活性化する人的資本経営』は日本レーザーが75人規模の会社だからできるのでしょう」という意見も確かにあります。しかし、1000人以上の大企業であっても、経営者と取締役、各部署のリーダー、人事担当者がバイオエネルギー理論を取り入れていくなどの仕組みをつくれば、できないことは何もないと私は思います。

経営者が解雇権を捨てれば、社員は変わる

「中小企業は社長の器以上に成長しない」とよく言いますが、これは間違いだと思っています。社員のモチベーションさえ上げていけば、会社は自然と成長します。

では、どのようにして社員を成長させていくとよいのでしょうか。

私が目指すところは「**言いたいことを言い、やりたいことをやり、自分の成長を目指**

す」という社員を育てることです。

ただ、どのように社員を教育していくにしても、大前提として必要なことがあります。「経営者は権力を捨てよ」。この一言です。経営者が持つ最大の権力とは、解雇権です。解雇権を経営者が持つ限り、社員は経営者の顔色をうかがいます。すると、自ずと会社の成長は滞ります。この状態で「人を活性化する人的資本経営」を成功させるのは不可能です。

では、権力を捨てた経営者には何が残るのでしょうか。

社員の人生を支えるサポーターとしての役割です。**プレーヤーが最大限のパフォーマンスができるよう支援し続けるのが、経営者の役割**です。社員の成長を支援できてこそ、経営者は会社を発展させ、雇用を守っていける存在となれるのです。

「ここは、部活みたいな会社ですね！」

経営者も社員も1つのチームです。会社がどちらへ向かい、どのような状況にあるのか、みんなが同じ絵を見ていてこそ、チームとして迅速に動けます。**仲間意識があるか**

らこそ言いたいことを自由に語り、社員どうしが助け合う社風が育っていきます。どんな荒波にも社員一丸となって進んでいく企業風土とは、そうやって築くものです。

当社も、突然に商品が売れなくなったり、契約を切られたりすることがたびたび起こります。そういうときにこそ、「人を活性化する人的資本経営」の成果が現れます。どんな逆境に遭遇しても、社員たちが自ら「この大切な自分たちの居場所を何としても守らなければいけない」と火事場の底力を発揮します。だからこそ会社は生きのび、成長もするのです。

以前、日本レーザーの企業風土を知らずに入社してきた新人が、

「ここは、部活みたいな会社ですね！」

と驚きの声を上げたことがありました。思わず笑ってしまったのですが、

「確かに、言いたいことを言えるのがこの会社のよいところだ。ただね、会社というのは、社員が業績に貢献しないと生涯雇用を守れないだろう。ここが部活との違いだね」

と言うと、「それもそうだった」と彼も笑っていました。新人と経営トップがこんな風に語らえるのも、実のところ、言いたいことを言い合える当社の強みなのでしょう。

実力を正当に評価し、働きがいを与えれば社員は辞めない

離職率を低下させる3つの要素

現在、日本レーザーは離職率が実質ほぼゼロです。社員が言いたいことを言い、やりたいことができる会社づくりをしてきたら、社員が辞めなくなりました。

ご承知のとおり、日本は労働人口が急激に減ってきています。歴史上、例のないほどの減り方です。現在の人口は約1億2600万人。このまま進めば、いずれ1億人を割ることになります。とくに、15〜64歳の労働人口の減少が目立ちます。そうしたなかで、企業が持続可能な経営をしていくには、人財ほど重要なものはありません。

では、人が仕事を続けていくうえで、大切なのは何でしょうか。収入はもちろん大事です。ですが、収入だけではモチベーションをキープできません。当社の離職率実質ゼロの背景には「**実力を正当に評価し、そこに報いていく**」という仕組みがあります。

日本レーザーの社員数は、私が社長になった当時で約30名。現在は75名です。生え抜

きは数えるほどで、ほとんどが転職組です。大企業からの転職も多くいます。彼らはなぜ、当社のような中小企業で働くことを選んだのでしょうか。

仕事がおもしろいからです。言いたいことが言え、やりたいことができ、好きなことを仕事にしていけます。同僚や取引先など利害関係者とは、上下関係ではなく、信頼関係で結ばれています。経営陣は赤字にならない経営をし、営業職は商品を売り、技術職は商品の販売や、納品後の技術的サポートをするというように、それぞれの役割で白らの魅力をアピールします。

そして、お互いに「あなたのおかげだよ」「素晴らしい仕事をありがとう」とエネルギーを活性化し合える関係を築く。どの関係を見ても、上下ではなく、信頼で結ばれています。これは、社員たちが圧倒的な当事者意識を持っているからこそ築ける絆です。

バイオエネルギー理論にこんな言葉があります。８つ目の黄金ルールです。

「何事も他人事と考えず、当事者意識を持って対処する」

「この会社は自分のもの」「この仕事は私のもの」という当事者意識が社員を成長させます。その圧倒的な当事者意識は、「ピンチをチャンスに変える」という健全な危機意識を生みます。健全な危機意識は仲間意識を生みます。この「圧倒的な当事者意識」「健全な危機意識」「仲間意識」の3つを社員が持つと、会社は成功するのです。

求めていたのは「自由」と「働きがい」

「おもしろい仕事ができそうだ」と大手自動車メーカーから数年前に転職してきた社員に、H・N（バイオナンバー「235」、47歳）がいます。私の本を読み、講演会を聴いて、「この会社で働きたい」と連絡を取ってきたのです。面接時、

「年収が大幅にダウンするが、いいのですか？」

と私は何度も確認しました。そのたびに、

「今の会社で定年を迎えるより、そこを飛び出してもっとおもしろい仕事がしたい」

そう即答するのです。海外駐在が長く、エリートコースを歩んできた、一見、華やかな人生です。30人以上を取りまとめるリーダーの役割を担いながら、彼自身は、出世とともに「出る杭は打たれる」「トップダウンで何事も決まっていく」という大企業の環境に窮屈さを感じていたといいます。第2数「3」の人は「型にはめ込まれるのを嫌

う」という特性があります。多方面にアンテナを張って、「すごい！」「おもしろそう！」と感じるものに出合うと、いっきに集中して進んでいくのも「3」の特性です。

H・Nには入社後、新たに立ち上げたセンサー事業を任せました。レーザー事業には多くの凄腕の社員がいますから、それを1から学んで追いつかせるより、新規事業を任せたほうが、実績にもなります。何より「3」の彼は、新規事業のほうが働きがいを感じやすく、おもしろがってエネルギーを活性化させると考えたからです。

実際、センサー事業の売上げは1年目に3億円、2年目に10億円、3年目で20億円と拡大していきました。彼自身も次長から1年目で部長、2年目で執行役員、3年目で取締役まで出世しています。ところが昨年、商権を損失するというトラブルが起こりました。このままでは、センサー事業部は売上がゼロになる予想です。しかし、この事業にかかわった社員は、派遣社員も含めて6人全員の雇用が維持されています。

「当社では商権損失はよくあること。気にせず、新たな取引先を見つけてきなさい」と私はH・Nを励ましました。彼自身、バイオエネルギー理論を香川氏から直接学んでいることもあって、「3」の臨機応変さを武器にこの難局を乗り越えつつあります。

下位20パーセントの人財にも会社成長の役割がある

「メンバーシップ型」と「ジョブ型」のハイブリッド

多様な人財にそれぞれやりがいを感じながら働き続けてもらうには、適材適所の仕組みづくりが大切です。仕組みをつくって周りを導いていくのは、第2数が「4」の私が得意とするところです。

たとえば、雇用は「メンバーシップ型」と「ジョブ型」のハイブリッド型を構築しました。経営の基本は「不易流行《ふえきりゅうこう》」というのが私の考えです。**変えてはいけない本質は守り、時代に応じてよい方法は採用する**、という不易流行の象徴が、ハイブリッド型です。

日本従来の雇用制度であるメンバーシップ型は、終身雇用と年功序列の給与体制がセットになっています。終身雇用は社員の心理的安全性を守るうえで最良ですが、年功序列は会社の体力を奪います。能力や貢献度に関係なく、勤続年数が長くなるほど給与が上がっていくので、人件費が増大するためです。そのぶん、優秀な人財に高給を出せなくなります。それによって優秀な人財が流出すれば、経営は成り立ちません。

そこで私は、終身雇用は守りつつ、年功序列は排除し、そこにジョブ型を取り入れました。欧米企業の一般的な人事制度であるジョブ型は、職務内容（ジョブ）を明らかに定義して雇用契約を結ぶシステムです。提示する職務を遂行できるスキルや実務経験を持つ人財を、必要に応じて求人します。そして、能力や貢献度に応じて給与や昇進を決めていくのです。

終身雇用を大切にする日本的経営と、成果主義である欧米的経営。その**ハイブリッド型の経営への転換が、今後、日本企業が生き残っていくには必要**と私は考えています。

社員にはそれぞれ役割がある

「雇用を守る、と近藤さんは言うが、会社にぶら下がっている人まで守るのか」

という質問をよくされます。一般に組織の構成比は、
◎上位20パーセント　会社を引っ張る20パーセントのリーダー
◎中位60パーセント　会社を支える60パーセントの平均的な母集団

◎下位20パーセント　上の80パーセントにもたれかかる生産性が低いグループ（これをバイオエネルギー理論では「気づきを与えてくれるグループ」と呼びます）

これを「2-6-2の法則」と呼びます。

外資系や一部の会社では、「下位20パーセントを切って、能力の高い人を新しく採用したほうが組織力は上がる」と考えます。上位と中位の8割の人財で会社は機能していきますが、能力が低く努力もせず、何となく会社に来て給料をもらっているだけという社員は、目につくものです。私も講演会などで「なんとか入れ替える方法はないものか」と相談を受けたことが何度かありました。

しかし、そんなことをやってはいけないのです。なぜなら、下位の20パーセントを辞めさせると、残りの80パーセントのモチベーションが低下するからです。病気やケガなどによって、人はいつ下位に位置するようになるかわかりません。「下位20パーセントに落ちたら解雇されるかもしれない」と不安を覚えれば、会社のために身を粉にしてがんばろうという意欲が落ちます。転職を考えるようになるかもしれません。

そもそも、下位20パーセントの社員は、どうしてその位置にいるのかを経営者は考えることです。バイオエネルギー理論、９つ目の黄金ルールです。

「人には、『トラブルから気づきを得る人間』と『トラブルを起こして気づきを与える人間』がいる。気づきを与えてくる人は、自分自身が進化成長するために引き寄せた人財で、ありがたい存在なのである」

もしも、「前向きな意欲を持てない」という社員がいるのだとしたら、経営者がそうさせているのです。経営者のエネルギーが不足しているのか、下位20パーセントの人たちにまでエネルギーが行きわたる仕組みができていないのか、いずれにしても、そこに会社が成長する改善点が眠っています。

経営者がそれに取り組まずして、やる気のない社員を責めたり排除したりするのは、社員からすれば理不尽このうえない行為です。

つまり、**下位20パーセントにいる社員は、経営者に気づきを与えてくれる重要な存在**です。まずは自分自身を振り返り、見つめ直したうえで、彼ら一人ひとりのバイオエネルギーを活性化できるよう最適な役割や働きがいを与えることです。すると、モチベーションは自然と高まるはずです。それが会社の発展と飛躍につながっていくのです。

「任せる」とは、「経営者がすべての責任を引き受ける」という意味

ハッカー集団に4200万円をだまし取られる

5年ほど前、ちょっとした事件が起こりました。送金詐欺に遭遇したのです。

その頃、日本レーザーではある大学の依頼を受け、研究で使われる特注のレーザー機器をつくることになりました。世界で唯一の機器となるため製造は難しく、欧州のメーカーと組むことにしました。当初の予算は8億円でしたから、7億円でつくれれば1億円の利益を出せる見込みです。ただし、開発期間中は営業担当者が欧州メーカーに何度も通う必要がありますし、万が一にも開発費を注いで完成しなければ損害賠償で訴えられるリスクもあります。当社としては決してメリットの大きな仕事ではありませんでしたが、それでも国の発展の役に立てるならば、と受注を決めました。

一方で銀行の担当者からは「送金詐欺が増えている。送金先の口座変更メールには注意するように」と言われており、営業担当者と経理担当者とも情報を共有していました。

しかし、ハッカー集団とは何とも巧妙に事を仕掛けてくるものです。当社からメーカーへは、開発費を分割で定期的に送っていたのですが、その情報を知らぬ間に盗み取られていました。ハッカーはこちらのお金の動きを把握していたのです。

ある日、そのメーカーから一通のメールが届きました。

「急遽、当局の立ち入り調査が行われることになりました。いったん、アカウントを閉鎖する必要があるため、次の送金はこちらの銀行口座にお願いします」

そのメールの書式は、これまでやり取りしてきたものとまったく同じでした。営業担当者と経理担当者は、いつも通り、お金を送りました。ただ違ったのは、銀行口座のみです。日本円にして４２００万円をだまし取られ、返ってくることはありませんでした。

無意識は乗り越えられないトラブルは起こさない

現在、こうした送金詐欺が非常に増えています。先日も、同じ手口の詐欺メールが当社に届きました。一度経験しているので、二度と起こらないよう対処はしていますが、十分に注意するに越したことはありません。

こうしたトラブルが起こったとき、経営者がまず思うのは「なぜ、送金する前に相談しなかったのか」です。実際、送金前に「こんなメールが来ているのですが」と私か社長に相談してくれていれば、詐欺と見抜くことができたはずです。

そして次に考えるのは、この損失をどうするか、誰が責任を取るのか、です。

「おまえのミスで４２００万円もの損失を出したのだから、ボーナスはなしだ」

そんなことを言う経営者は、決して少なくないはずです。

しかし、それは絶対に言ってはいけない言葉です。「この仕事を任せたのは誰か？」と問えば、答えは経営者自身です。社内のあらゆる出来事は、たとえ自分が知らない場所で起こったとしても、経営者の責任です。経営とは、社員に仕事を任せてこそ初めて可能となります。仕事を任せておきながら、失敗をその社員の責任にすれば、社員は経営者を信頼しなくなります。そうなると、社員はリスク含みの仕事に取り組むことに不安を感じますし、何より社内のエネルギーが不活性化していきます。

「無意識の世界は、乗り越えられないトラブルは起こさない。なぜなら、トラブルは自分自身を進化成長させるためのメッセージだからだ」

これがバイオエネルギー理論の10個目の黄金ルールです。

トラブルにあうのは誰だってイヤなものです。一国一城の主である経営者であれば、なおのことです。しかし、トラブルが大きければ大きいほど、そこには人が進化成長していくために欠かせない気づきの数々が隠されています。

ですから私は、トラブルにぶつかったときには必ず、「今、なんらかのメッセージが与えられている」とまず自分事として考え、答えを探します。すると、対処法が明確に見えてきます。その情報は「こんなことが起こったから、みんなで気をつけよう」と社員たちと共有します。このとき、最も大切なのは笑顔で伝えることです。

バイオエネルギー理論を知らなければ、私も笑顔で対処などできなかったでしょう。しかし、これが私自身に気づきを与えるために無意識が起こしたトラブルと考えれば、社員を叱責する理不尽さがわかります。

「こうすべき」「ああすべき」と社員に正論をぶつける経営者がいます。しかし、**「べき」という言葉は自分を律するためのもので、社員に自分の理想を押しつける言葉ではない**とバイオエネルギー理論が教えてくれました。

成果や貢献によって社員に「ご褒美」を与える

正社員の3分の1が幹部

社員一人ひとりを成長させていくために、私は「ご褒美」という仕組みを採用しています。ご褒美も経営上の重要な仕組みです。

まず、1つ目のご褒美は、「待遇」です。

ハイブリッド型の雇用形態の実態は、雇用は守るけれども、待遇は成果主義、貢献主義で決まります。ただし、成果や貢献は、目に見えるものばかりではありません。重視するのは「利他の心」です。利他の心とは、他人の利益を重んじることのできる心です。

能力はあるけれども企業理念を軽んじる、あるいは「自分さえよければそれでいい」と我が強い人は、周りのエネルギーを不活性化させます。反対に、「**身の回りで起こることは自分の責任。人のせいにはしない**」と**考える社員が増えると、会社は発展**します。

ですから、成果や貢献に加えて、利他の心による会社への貢献に応じた評価制度をつくり、目に見える形にして社員に示しています。その評価に応じて、社員の役職を上げていきます。

多くの企業では組織を簡素化しようとしますが、私は逆です。部長・課長という名称の幹部を次々に増やしています。現在、正社員の「3分の1」は幹部です。役職が上がれば、資格手当が増えます。ボーナスが増え、年収も上がります。定期的な経営者会議にも参加することになります。そうした報酬と責任によって「経営に参画している」という当事者意識を持たせ、社員のモチベーションを高めているのです。

海外にはどんどん送り出す

ご褒美の2つ目は、「おもしろく、刺激的な仕事」です。

たとえば、海外出張がその1つです。レーザー業界はグローバルビジネスです。ですから、海外にどんどん行き、グローバルな人財になりたい、という社員が大勢います。なかには、そうしたことを知らずに入社し、「自分も海外へ行ってみたい」という社員もいます。海外出張を希望する人には、海外の展示会に送り出し、実績を積ませます。

会社の中心になる社員は年に3回以上行きますし、事務職でも「行きたい」と希望すれば送り出します。**外の世界に出ていくことで、社員は確実に成長**していきます。

レーザーの展示会はヨーロッパやアメリカで行われることが多く、1回の渡航で平均して1週間は滞在することになります。その間、見聞を広げるため、観光の時間も持たせます。当然、費用は相当にかかります。それでも、本人が希望するならば、私は送り出すことにしています。それが、社員の成長を促す投資になるからです。

粗利の3パーセントがインセンティブになる

3つ目のご褒美は、インセンティブ（報酬）です。

日本レーザーでは、粗利の3パーセントを成果賞与としています。ですから、営業の社員はみな粗利を意識しています。優秀な営業マンは、1人で4億円を売り上げ、1億円の粗利を得ることもあり得ます。すると、300万円のインセンティブを得られます。年収1500万円にもなる営業マンもいます。75人規模の企業で、1人が年収1500万円も稼ぐのは珍しいことです。

なかには、「リーダー的な役割を担うのは苦手」と出世は望まず、インセンティブを獲得することで給与を増やす社員もいます。それはそれでよいと思っています。

レーザー業界は、前述したように、海外のメーカーと契約して商権を得られれば、１人でも会社を立ち上げることができます。よって、日本レーザーには、個人商店的な立場で働く社員も何人かいます。この場合、部長までは昇格しても、取締役にはなれません。ですが、年収ベースでいえば、それに匹敵するほどの収入を得られる仕組みがあるのです。

このことも、優秀な営業マンが独立しない仕組みの１つです。**おもしろい仕事ができて、実力・実績に見合った収入が得られれば、優秀な人も転職していかない**のです。

ただし、成果主義のメリットの裏を返せば、成果のない人はインセンティブを得られません。ここが成果主義の厳しさです。同時期に入社したものの、一方は年収１０００万円、一方は５００万円ということも起こります。それでも辞める社員がいないのは、たとえ年収が低くても、自分にとっての居心地のよさを会社に感じているからなのだと思います。

TOEICを「努力が報われる」仕組みづくりに活用する

TOEICの点数がよければ手当も上がる

日本レーザーは、前述したように、一度は経営破綻した再建会社です。万が一にも会社が倒産したら社員はどうなるのかという危機意識は、経営者はみな持っているはずです。**再就職しやすい能力を身につけさせるのも、会社の役目**と考えています。

これからの時代、英語力は「あって当たり前」です。ところが、日本はアジアで最も英語力の低い国です。高い英語力があれば、再就職への敷居は低くなります。そうしたこともあり、英語試験のTOEIC（990点満点）の点数で、インセンティブを与える仕組みを構築しました。点数で評価できますから、公平性の高い制度です。

現在、大学生のTOEICの平均点が約570点ですが、日本レーザーでは500点を最低ラインとし、900点以上を最高ラインとします。そして、スコアによって月額0〜2万5000円の手当を支払っています。500点未満の社員と、900点以上の社員では、年間で最大30万円の差がつきます。10年間にすれば３００万円の差です。

この取り組みも「人を活性化する人的資本経営」の一環といえます。グローバルビジネスを行う当社にとって、高い英語力で外国人と渡り合える人財を、お金をかけて育てることは、まさに投資といえます。事務職にある社員であっても、海外からの電話を受け、メールの対応をするには、英語力は高いに越したことはないのです。

正社員になるには、ＴＯＥＩＣ５００点以上取るというルール

ＴＯＥＩＣを活用した評価制度をスタートしたのは、２００７年、私が63歳のときです。その年、私も初めて受験しました。社員に受験を義務化し、スコアに応じて手当を変えているのに、自分が受験しないのはフェアではありません。結果は、８５５点。初受験にしてはよいほうかとは思いますが、アメリカで9年間暮らし、労務管理の仕事を英語で行ってきても、９００点を取るのは簡単ではないとわかりました。２００問を2時間で解答するので、集中力や注意力、判断力、体力のトレーニングにも最適です。

現在、65人の正社員中、９００点以上取っているのは約10人です。

一方、2007年以降、500点以下の人は、正社員として採用しないルールを設けています。厳しいようですが、これも社内の公平性を保つために必要なルールです。契約社員で働く人の中には、「こんなにいい会社は他にないから、正社員にしてほしい」と希望する人が多くいます。希望を受ければ、正社員にする仕組みを設けていますが、その際でもTOEIC500点を取ってからという約束です。

バイオナンバーの第2数が「4」の私の魅力の一つは、公平性です。ここを一度でも崩してしまうと、「なんだ、近藤さんも口だけだな」とマイナスのエネルギーを社内に流すことになるため、注意しています。

週に1回「今週の気づき」を提出させる

TOEICでは判断力や情報処理能力を鍛えられますが、会話力は磨けません。グローバルな人財を育てるには、外国人とディスカッションできるだけの会話力も必要です。そこで「会長塾」を開いて、実践で使える英会話を私自身が教えています。会長塾の参加は自由です。正社員だけでなく嘱託社員も誰でも参加できる制度です。オンラインシステムを導入しているので、支店の社員も参加しています。

参加者は、ＴＯＥＩＣの点数にあわせて、レベル1、レベル2、レベル3にわけて、週に1回授業を行います。ＴＯＥＩＣの点数がのびれば、それにあわせて進級し、インセンティブも増えます。努力が報われる仕組みがあると、社員は自発的にがんばるエネルギーを高められるのです。

また、社員には「今週の気づき」を週に1度提出することを義務づけています。この「今週の気づき」も、可能な限り、英語で提出するよう促しています。これも英語力を高める仕組みの一つです。

なお、「今週の気づき」は、私自身がバイオエネルギー理論を学ぶ中で、ヒントを得て始めたことです。1週間の公私の生活を振り返って、遭遇したトラブルにはどのような気づきがあったのかを書いて提出し、それに上司が返答します。これによってお互いに当事者意識を持たせます。私自身も全社員の「今週の気づき」を読んでいます。**多くの社員がバイオエネルギー理論を知らなくても、経営者からの働きかけによって、一人ひとりのエネルギーを活性化していける**のです。

採用試験では「素直さ」を一番に見る

「適性心理分析テストＰＬＵＳ」で採用時の間違いを防ぐ

人的資本経営を行ううえで、採用は重要です。「よい人財」を採るにはそれだけの努力が必要です。では、「よい人財」とは、何を基準とするのでしょうか。答えは経営者によって違ってくると思いますが、私が重視するのは「素直さ」です。

ここでいう素直さとは、従順さや協調性などとはまったく違います。大事なのは、**企業理念を受け入れ、その中で自分はいかに活躍するかを見出していく素直さ、そして周りに感謝を示せる素直さ**です。

能力は、入社後の教育によっていくらでものばしていけます。反対に、能力は高いが、素直さがない人を採用するのはリスキーです。自分の能力を過信するあまり、企業理念を無視した振る舞いをするケースが多くなるためです。社員の身勝手な言動は、会社に損害を与えるだけでなく、倒産させる危険性さえあります。そうした人を引き寄せない

ために は、素直な特性を持つ人を見抜く力が、採用担当者には必要です。

ただし、素直さの有無を面接だけで見抜くのは非常に難しいのが現実です。

一方、バイオエネルギー理論を通して面接をすると、それがわかりやすくなります。

素直さとは、バイオエネルギーが活性化し、中庸に整っていてこそ現れてくる特性です。反対に、バイオエネルギーが不活性化すると、素直さが消えます。とくにエネルギーが強過ぎる状態にあれば、我が強くなり、周囲の声に耳を傾けたり、周りに感謝したりできなくなります。この状態の人は、自分の能力に対する自信が過度に強くなっていますから、採用時にはよいことをたくさん言うでしょう。しかし、素直さがないので、入社後、「オレが、オレが」で利己的な仕事の仕方をするようになります。

こうした間違いを採用時に防ぐため、日本レーザーが活用しているのが、ベックスコーポレーションが提供する「適性心理分析テストＰＬＵＳ」です。バイオエネルギー理論をもとに作成されている心理テストで、１回約15分で行えます。テスト結果には、本人も知らないような特性が明瞭に示されます。その結果を見ながら「あなたには、こういうところがあるよね」と伝えると、本人も「どうしてわかるのですか」と驚きます。

この「適性心理分析テストＰＬＵＳ」を用いると、素直さを見抜くのも簡単です。

現在、**「適性心理分析テストＰＬＵＳ」は無料トライアルが提供**されています。1カ月間、テスト5回分を無料で利用できます。巻末にＱＲコードを掲載していますので活用してみてください。

作文にはその人の素直さが表れる

採用時には、作文も行います。テーマはその都度出しますが、ここでもその人の素直さを見ていきます。

最近、国立大学を卒業して10年間、契約社員で4社を渡り歩いてきた32歳男性の採用試験を行いました。彼に出した作文のテーマは「これまでの人生と今後の夢」、時間は15分間です。彼は作文の中で母親を絶賛し、感謝の気持ちを記しました。一方、父親に対しては反発心が強く、「親の振り見て我が振り直せ」との思いで今日まできたと述べました。これもまた素直さの表れと私は読み取りました。自分の気持ちを隠すことなく本音で作文を書けるのも、立派な素直さです。「今の自分の状況は親のせい」と他責にせず、「こんな父親だったからこそ反面教師にして、成長の糧にしてきた」と語れる当事者意識も見事です。他責の人間は能力をのばすのが難しくなりますが、当事者意識を持ち、それを素直に表明できる人財は、教育しだいで進化成長していきます。

こうした素晴らしい人財を採用できるのも、新卒一括採用ではなく、必要に応じて通年採用を行う利点です。バイオエネルギー理論の11個目の黄金ルールです。

「去る者は追わず、来る者は拒まず、選んで受け入れる」

この黄金ルールは、取引相手だけでなく、採用時にも活用できます。

今の自分とエネルギーがそぐわなくなった人は、自然と周りから去っていきます。身の回りで起こることはすべてエネルギー現象と考えれば、人が去っていくのも自然なことです。反対に、人が集まってくるのもエネルギー現象です。ただし、不活性化したエネルギーを持つ人が寄ってくることも多々あります。ここはきちんと見極める必要があります。それが「選んで受け入れる」という部分です。

その**選ぶという行為に、「適性心理分析テストＰＬＵＳ」の活用は最良の方法**だと私は実感しています。

社会に埋もれた素晴らしい人財を見つけ出し、採用する

契約社員から正社員、いずれは女性管理職に

日本レーザーの採用方法は主に4つです。「働きたい」と自ら連絡を取ってくるケース、知人から紹介されるケース、ハローワークにジョブ型で募集をかけるケース、そして契約社員やパートから正社員になるケースという4つです。他には、同業他社が倒産したときに、その社員を採用するケースもあります。

大企業のように新卒一括採用という採用方式ではなく、一人ずつその都度採用していく通年採用方式には、優れた人財を見つけやすく、入社後、ていねいに教育していけるという大きなメリットがあります。

少子化が急速に進む日本社会は、深刻な人財不足に陥っている、とよく言われます。しかし実際には、企業が人財を見つけられていないだけで、**採用して教育していくことで輝きを放つ、潜在的な人財は多い**と感じています。この潜在的な人財を見つけること

は、新卒一括採用ではできないことです。

とくに女性は、社会的あるいは家庭の事情で、素晴らしい人財が多く埋もれています。日本レーザーにも、優秀な女性が大勢働いています。多いのは、契約社員やパートから正社員になるケースです。日本レーザーの企業理念に感銘を受けて「どうしても正社員になりたい」と願い出るケースもあれば、私のほうから「そろそろ正社員になってはどうか」と誘うケースもあります。

Ｍ・Ｎ（バイオナンバー「１１２」、47歳）は後者です。彼女は就職氷河期に就職活動をし、契約社員として働き続けてきました。日本レーザーには、彼女が来る前から経理部に契約社員が入れ替わり来ていたのですが、Ｍ・Ｎは仕事ぶりが見事でした。経理の仕事をていねいに完璧にこなす一方、温和で上品な口ぶりながら、経理として言うべきことを、全社員に向けてはっきりと伝える強さがあります。「仕事はていねいで完璧、上品でありながら、いっさいブレることなく強いリーダーシップを発揮できる」というのは、「１」のエネルギーが活性化しているときに現れる特性です。

数年後「正社員になってはどうか」と一度伝えたのですが、そのときには断られました。「契約社員ならば、自分のやるべきことをやっていればいい」との思いがあったそうです。ここにも、慎重に事を進めるという「1」の特性が表れています。

契約社員となった10年目に再度声をかけたところ、快諾してくれました。「社員になれば今以上に素晴らしい経験ができ、仲間と一緒に自分も成長していける」と夢を抱いたとのことでした。彼女が正社員になって今年で6年目です。日本レーザーは現在、約100社の海外メーカーと取引し、1社で1万7000種類もの商品を扱っている会社もあります。経理の仕事はより複雑になっていますが、「彼女がいるから安心」と感じさせてくれる人財です。現在は経理課長ですが、近い将来、会社を支えるリーダーの1人になると私は考えています。

パワハラで転職。日本レーザーでは新事業を立ち上げる

5年前、ハローワークから採用した女性の一人に、C・H（バイオナンバー「363」、34歳）がいます。

彼女の前職は、ある企業の事務員でした。「女性は結婚していずれ辞めるもの。お茶

くみでもしていればよい」というパワハラがあり、「女性だから」の一言で軽視されていたと言います。「がんばったら損をするから、がんばるのをやめよう」という言葉も社員からよく聞かれたそうです。Ｃ・Ｈは直観力に優れた「６」の人です。「この会社に居続けても、自分の未来はない」と感じたのでしょう。

社員のバイオナンバーがわかると、どのような仕事を与えるとエネルギーを活性化させ、進化成長していくかが明らかになります。チャレンジ精神旺盛なＣ・Ｈには、まず業務部に配属、受注発注、見積もり作成、在庫管理などの仕事を通して、レーザーの知識を身につけさせました。その間、彼女は英語の勉強を熱心にがんばり、昨年はＴＯＥＩＣで９００点を取りました。海外の展示会には2回行っています。

現在、彼女は係長に昇進し、営業の仕事もしています。働きがいという面で見ると、事務員より営業のほうが花形です。**社員のエネルギーを活性化させれば、こうした転身も可能**です。彼女はグローバルな人財となって仕事で成功するという夢を描いています。その一歩として、自らの発案で美容部門に乗り出しました。美容は、日本レーザーが扱っていない業界でしたが、そこに彼女は活躍の舞台を自ら発見したのです。

男性の長期育休が社内に利他の心を広げる

男性の育休にどう対応するか

女性の活躍推進のための課題の1つとして、男性にも育児休業取得が求められています。2022年10月には、育児・介護休業法の改正により、出生時育休（産後パパ育休）制度が施行されました。これにより、育休の対象となる男性従業員に対して、取得するか否かを個別に確認する義務が企業に課せられたことになります。

ところが現実を見れば、男性の育休取得率はわずか14パーセント（2021年度、厚生労働省統計）、しかも取得者のうちの約5割は2週間未満という状況です。そんな短期間で、育児の喜びや大変さを妻とわかちあえるのかという疑問があります。

実際のところ、男性の育休の問題に頭を抱える経営者は多いはずです。少子化という社会的問題のためには必要なことでも、社員が長期休暇を取ることは、会社にとっては大変です。とくに、日本レーザーのように社員数が少なく、一人ひとりが責任ある仕事をしている会社にとっては、１人抜けることに大きなインパクトがあります。

休職中の社員をみんなで支え合う仕組みをつくった

男性の育休が義務化される前年、日本レーザーではK・O（バイオナンバー「３６３」、34歳）から「22年1月から半年間、育休を取りたい」と申し出がありました。

彼はもともと大手電機メーカーに大学院卒業後に就職した、いわばエリートです。職場の人間関係にも満足し、生涯のパートナーとも出会いました。ところが、結婚と同時に彼だけが地方への転勤が命じられたのです。新婚生活を楽しむこともできず、彼は単身赴任となりました。１年勤務すれば戻れるかと期待したものの許されませんでした。「６」のバイオエネルギーは直観力に優れています。未来を見ると、結論がパッと脳に導かれます。K・Oは子どもが誕生し、その子が進学し、成長する未来を思いました。家族とともに歩む未来を想像したとき、会社に振り回されながら生きていくことは自身の人生観に合わないと直観したといいます。「もっと人生を主体的に選んでいける会社で仕事をしよう」と一部上場会社のエリートコースという道を捨て、２０１７年に日本レーザーに縁あって入社したのです。

私は「人を大切にする経営」を公言してきました。ただ、K・Oから「半年間の育休を」との申し出を受けたとき、正直、悩みました。現在、彼はある事業のグループリーダーで、半年も休職すれば事業の低迷と業績ダウンは免れないと考えたからです。

しかし、それは会社の業績の都合です。会社の都合より社員とその家族の事情を優先するという理念で日本レーザーは30年間黒字を継続し、コロナ禍の3年間も増収増益を達成してきた実績もあります。

私は、26週間の育休の取得を認めました。ただし、同僚から一時的な後任を選び、研修・教育を行い、グループ全員で利他の精神を持って協力し、数字を落とさない努力を求めました。これが、大成功しました。**本人と仲間全員の当事者意識、危機意識が非常によい形で高まり、前年実績を維持**できたのです。しかもK・Oは復帰後、仲間への感謝の気持ちが強くなり、グループリーダーとして熱心に仕事に向かっています。

男性が育休を取りやすい職場環境は、女性にも好影響

今年、２例目の男性社員が育休を取得しました。男性が26週間の育休を取得できる職場環境は、全社員によい影響を与えています。女性が、産休育休の申請をしやすくなったといいますし、今後、増加が見込まれる親の介護の問題にも対応できるでしょう。

さらに、子育てをしやすい職場環境も実現できています。Ａ・Ｍ（バイオナンバー「516」、38歳）は、夫の海外赴任のために日本レーザーを退職、５年間の駐在を経て帰国し、子どもが小学校へ上がったタイミングで正社員に復帰しました。「１」のバイオエネルギーには、優先順位を決めて目標に取り組むと成功しやすい特性があります。

彼女は出産や育児に、ていねいに取り組みたい気持ちが強く、10年ぶりに正社員として再入社という道を選びました。そのまま主婦を極めるという選択肢もありましたが、１人の人間として仕事を通して成長したいとの一念から会社に戻ってきたのです。**いったん会社を離れても帰ってこられる職場環境をつくる**のも、経営者の仕事と私は考えています。現在、彼女は業務部の主任を務めながら、子育てをがんばっています。

バイオエネルギー理論を活用してダイバーシティ経営を実現する

人を活性化する経営を追求するとダイバーシティにたどり着く

日本レーザーでは、私が社長に就任した1994年以降、年齢、性別、学歴、そして国籍を問わず、多様な人財を採用してきました。当初は、経営破綻による人手不足を解消するために、「来る者は拒まず」の精神で通年採用を行っていましたが、結果的にこの採用方法が日本レーザーを進化成長させました。

今どきの言葉では、多様な人財を活かし、その能力を最大限に発揮できる機会を提供する経営を「ダイバーシティ経営」と言います。

現在、ダイバーシティ経営を経済産業省や厚生労働省が推奨しています。しかし、大企業が行う新卒一括採用では、ダイバーシティ経営はできない、というのが私の考えです。新卒一括採用では、人財を集団で扱います。入社式ののち集団で教育し、本人の希望より会社の都合を優先して配置していきます。こうした会社の都合で人を動かす経営では、多様な人財の能力を最大限に活かす経営ができるはずがないのです。

日本レーザーの場合、**ダイバーシティ経営は社会福祉のためではなく、企業としての根本的なあり方**です。社員を資本と捉え、一人ひとりに向き合い、どのように教育し、育成するのかと考え、チャンスを与え、必要ならば配置転換し、必要なければ専門性を深掘りさせていくという「人を活性化する人的資本経営」を追求した結果がダイバーシティであり、それを可能とするのがバイオエネルギー理論なのです。

経験豊富な人財を獲得するには

ダイバーシティ経営のメリットは、二つあります。

一つ目は、社員どうしが人と比べなくなります。年齢や境遇などが似ている人が集まると、人は他人が気になります。ところが、**経験も年齢も性別も国籍も違うと、互いに認め合い、協力しながら能力を発揮**するようになります。

Ｈ・Ｕ（バイオナンバー「６１１」、現60歳）は、現在、常務取締役で営業副本部長です。もともと彼は同業他社の営業マンで、私とはゴルフ仲間でした。目標に向けて一直線に努力していく「1」のエネルギーは、ゴルフの姿勢にもよく現れていましたし、彼が有能な営業マンであることはよくわかっていました。彼とお酒を飲んだとき、会社に対する不満を口にしたことがきっかけで転職を促し、その後も声をかけ続け、2005年に部長格で日本レーザーに入社しました。

この2年後に日本レーザーはMEBOという前代未聞の方法で親会社から独立を果たすのですが、彼が入社したことで、日本レーザーの価値が高まったのは事実です。前職時代から築いてきた海外人脈をさらに広げ、国内販売でも実績を上げ、社内に刺激的な風を吹かせてくれました。こうした**経験豊富な人財は一括採用では出会えません**。ダイバーシティという言葉が出てくる以前から、当社では経営に取り入れてきた一例です。

国籍が違ってもエネルギーを活性化する方法は共通

ダイバーシティ経営の2つ目のメリットは、お互いが刺激し合えることです。

年齢や性別が似ている人の集まりは、安定していて過ごしやすいかもしれません。けれども、安定は現状維持につながり、成長を止めかねません。反対に**人財が多様である**

ことは、「他人を認め、自分の成長を追求する」ことにつながります。

日本レーザーでは、外国人雇用も積極的に取り組んできました。フランスやドイツからレーザーメーカーの技術者を雇用することもあります。また、日本の大学や大学院で学んだ中国出身の人財も継続して採用しています。これまでに６人の中国籍の社員を採用しましたが、帰化したり、永住権を獲得したりして活躍しています。日本語、英語、中国語を使いこなせ、経営上のメリットも大きいといえます。

また、日本人社員にとっても、外国人を採用することは大きなインパクトがあります。Ｉ・Ｈ（バイオナンバー「６４４」、現31歳）は中国出身で、日本の大学院を卒業しています。前職を経て当社に入社して２年半ですが、やりたいこと、言いたいことをはっきり表明します。それが**協調性を重んじる日本人に、現状維持では目標を実現できないという覚悟を持たせる**など、大変な刺激になるのです。

そうはいっても、ダイバーシティ経営をどう行えばよいかわからない、という経営者もいるでしょう。バイオエネルギー理論を取り入れることで、その問題は解決できます。国籍が違ったとしても、バイオエネルギー理論は世界共通です。文化や言語が異なっても、あるいは経験や年齢、性別が違っても、人を活性化する方法はバイオナンバーによって決まるのです。

日本人は自分と似た人と集まることで安心を得るところがあります。しかし、**さまざまなバイオナンバーの人が集まり、補い合い、つながることで、画一的な人財の集合では起こらないような発展がわき起こってきます**。

今後、さらなる労働力不足が予想される日本では、多様な人財を活用していくことが、中小企業の存続と発展に欠かせなくなります。そうした中で、人の可能性を引き出していくバイオエネルギー理論が、日本レーザーの発展をサポートしたように、多くの会社の進化成長に寄与し、日本社会の安定に役立っていくはずです。

では、一人ひとりに向き合う「人を活性化する人的資本経営」に、バイオエネルギー理論がどのように活用できるのか、次章では12人の社員の実例を紹介していきます。

第3章

【実例集】社員の活性化こそが会社の成長

バイオナンバー第2数が「1」から「6」の実例を2名ずつ紹介します。日本レーザーがバイオエネルギー理論を「人を活性化する人的資本経営」にどう活用してきたか参考にしてください。なお、名前は本人の了承のもとイニシャルで掲載します。

また、年齢はすべて本書刊行時のものです。

第2数「1」▼目標に向かって一直線。念願の経営陣に加わる

●H・Tさん（バイオナンバー「314」、52歳、執行役員、システム機器部長）

H・Tは大学院を卒業後、技術職としてある会社に就職、7年間勤めました。しかし、会社は海外ビジネスに失敗し倒産の危機に陥りました。社員が不安に陥る状況下「自分は若い人にこんな思いをさせたくない。ビジネスの始まりは営業にある。まずは営業職に就き、いつかは経営に携わる人間になろう」と決意。転職をしながらステップアップし、2006年、4社目となる日本レーザーに念願の営業で入社を決めました。

H・Tは、若い頃から目標に向かって計画を立て、一つひとつ物事を進めていく性格だったと言います。これこそ、まさに「1」のバイオエネルギーの特性です。「1」は自分が決めたら、決めた通りに一直線に進んでいくエネルギーです。ですから、成功を目指すならば、志を持つことが重要。志が高ければ高いほど、実りも大きくなります。

営業の仕事を始めたばかりの頃、彼は「物を売る」ことの難しさを感じていました。会社は、彼を海外の展示会に送り出すなどチャンスを次々に与え、その志を応援してい

きました。「1」の人にとくに大切なのは、経営者や上司が徹底した賛同者となり、マイナスの言葉かけはしないこと。「1」はプラスにもマイナスにも引っ張られやすい特性があることを意識し、私は「君なら絶対にできる」と一貫して励ましていきました。何事にもまじめで、コミュニケーションもていねいにとっていくH・Tは、国内外ともに取引先の厚い信頼も得て、営業成績をメキメキとのばしていきました。

現在、彼は5人の部下を持つシステム機器部のリーダーです。執行役員にもなり、目標だった経営陣に加わりました。香川氏からはバイオエネルギー理論のリーダー研修を1年間受けています。その経験をもとに、今後は彼自身が部下たちのエネルギーを活性化させ、経営陣の1人として人財を進化成長させてくれることを期待しています。

香川のアドバイス

執行役員となったH・Tさんのこれからの課題は、周りとおおらかに笑顔で気楽に接しながら、「自分を信じてついてきてほしい」と度量を示すことです。利害関係者は裏の「6」のバイオエネルギーなので、能力を認めて「ヨイショ」し、その気にさせることが大切です。これができるようになるとリーダーとしてもうワンランクアップし、「1」の特性のカリスマ性が備わってくるはずです。

第2数「1」▼パート勤務から女性社員のリーダー的存在に

●M・Nさん（バイオナンバー「611」、61歳、総務課長、役員秘書）

大学卒業後、メガバンクに就職したM・Nは、システムエンジニアとして6年間勤務し、出産を機に退職。男女共同参画社会基本法（1999年）が制定される以前は、女性が育児と仕事を両立していくことが厳しい時代でした。彼女の職場も子育てをしながら働ける環境になく、母親にも「育児に専念しなさい」と強く勧められたそうです。

M・Nが日本レーザーにパート勤務で入社したのは1995年です。自宅から自転車で通えるし、パートであれば子育てと両立しやすい、というのが応募の理由でした。

彼女の入社は、私が社長になった1年後です。私は、女性社員たちの仲の悪さに困っていました。すきを見ては入れ替わりで陰口を告げにくるような状態だったのです。

この状況を変えたのがM・Nでした。彼女を初めて面接したとき「この人は、女性社員のよきリーダーになる」と感じました。一見、おだやかで上品な雰囲気を身にまとっていますが、信念をストレートに語る力強さと正義感があり、女性が能力を発揮できる職場環境を築くために真っすぐに突き進んでくれる強いエネルギーを感じたのです。

実際、彼女は自分のやるべき仕事を完璧にこなし、やがては総務の仕事は一人でなんでもできるようになりました。私も彼女が子育てと両立しながら、能力を存分に発揮できるよう支援していきました。一方で、もともといた女性社員たちは、彼女の仕事ぶりに接して居心地が悪くなったのか、みな自分から退職していきました。

「仕事を任されることが嬉しかった。その喜びを原動力に、今日まで駆け抜けてきた」と彼女は言います。その働きは、私の期待以上でした。日本レーザーでは、パートや派遣社員から正社員になる人が大勢います。そのロールモデルを築いたのもＭ・Ｎです。彼女はお子さんの大学進学とともに、フルタイム勤務となりました。その息子は現在、日本レーザーの社員。母の背中を見て「この会社で働こう」と入社しています。

香川のアドバイス

「６１１」はリーダーの地位に立つと隅々まで見渡し、組織を着実に発展させるエネルギーを発揮します。Ｍ・Ｎさんは自分の仕事を完璧にできる人財です。今以上にパワーアップするには、総務課長として社員一人ひとりに気軽に声をかけ、やる気を引き出していくこと。すると自分自身の進化成長に加えて、会社全体の発展につながります。

第2数「2」▼「自分と異なる特性」の持ち主を後継者に選ぶ

●宇塚達也さん（バイオナンバー「325」、70歳、代表取締役社長、営業本部長）

５年前に社長に就任した宇塚達也が日本レーザーに入社したのは、１９８３年です。当社が同業他社をＭ＆Ａで吸収し、宇塚はその会社の社員でした。多くの会社は、吸収した側の社員から次期社長を選びます。そんな常識という枠を取り外して社内を見渡したとき、私の後を継いでくれるのは彼しかいないと考えたのです。

理由は、彼が優秀で人脈の広い営業マンであったことが１つです。もう１つは、私にない特性を多く持っていることにありました。その特性の違いは、彼のバイオナンバーが「３２５」であり、私が「６４４」であることからも明確にわかります。

波乱万丈の人生を生き抜いてきた私は、乱世の将であり、グローバルな戦国時代であるレーザー業界にて果敢に攻める経営を行ってきました。海外サプライヤー（売手）とも切った張ったのやり取りを英語でするなど、何度も修羅場を潜り抜けました。

一方、宇塚は安定の将であり、懐の深さと優しさで人脈を築き、社員たちの頼れる相談相手です。思いやりのエネルギーである「２」を持たない私が苦手とする「社員の面倒を見る」ということを、楽しんでやってくれます。また、コロナ禍には在宅勤務やフリーアドレス制など、社員が働きやすい職場環境をきめ細やかに整えました。

とはいえ、たえずグローバルな戦国時代であるレーザー業界で業績をのばしていくには強さも必要です。この点に関しては、社長就任の２年前から週に２回、朝に20分のミーティングを行い、「昨日何が起こったか。そこからどんな気づきを得たのか」というケーススタディを徹底して議論し続けました。また、香川氏によるバイオエネルギー理論のトレーニングなど、私がこれまでに受けてきた経営者教育も徹底して受けてもらいました。こうして私は、時間をかけて経営哲学を継承することに努め、何でも話し合える関係を構築しました。現在、「宇塚・近藤体制」は非常にうまく機能しています。

香川のアドバイス

宇塚社長の裏のバイオエネルギーは「5」です。日本レーザーのさらなる発展には、社長が今以上に「5」を意識していくことが重要です。具体的には、近藤会長のつくったクレドの意図を、さらにわかりやすい言葉で全社員に語りかけ、文章化して伝え続けていくこと。すると、今以上に社内の結束を強め、生産性を高めていけるはずです。

第2数「2」▼逆転人事となった元上司と、よきパートナー関係を構築

●Y・Eさん（バイオナンバー「622」、43歳、課長、購買グループ長）

就職氷河期世代（1970～84年生まれ）と呼ばれる人たちがいます。Y・Eも有名私立大学で観光学を学びましたが、在学中に内定を取れませんでした。卒業後、ハローワークに登録。一方、日本レーザーでは輸出入の業務を担当する人財を求めており、試験結果の大変優秀だった彼女の採用を決めました。2003年5月のことです。

「なかなか就職できずに苦労されたが、よかったですね」と私は声をかけました。すると、ワッと泣き出したのです。面接で泣いたのは、後にも先にも彼女だけ。「2」のバイオエネルギーは感情豊かであり、素直に感情を出せる彼女は人間関係をうまく構築するだろうと感じました。実際、優しい彼女は、周りから頼られる存在です。

7年前のことです。直属の上司の女性が産休・育休に入り、Y・Eがグループ長になりました。その後、上司が復帰。しかし、私はそのままY・Eをグループ長にし、元上司を下につけました。元上司不在中の彼女の仕事ぶりが素晴らしく優秀である一方、元

上司にとっても子育てと両立しやすいだろうと考え、逆転人事を行ったのです。

最近は、ワークライフバランスとの言葉がよく使われますが、私は、本人の価値観を重視します。ワークとライフのどちらを優先するかは社員自身が決めること。ただし、ワークを優先したほうが実績は上がり、昇格しやすいのは当然です。実力主義が浸透している日本レーザーでは、実力の高い人から昇格していくのがルールなのです。

Ｙ・Ｅがすごいのはここからです。逆転人事となった元上司に気を遣い、「相談しあえるパートナー」という良好な関係を築き上げたのです。しかも、入社時に７００点台だったＴＯＥＩＣが現在は９５０点以上です。彼女は高い目標を与えるとコツコツ努力し、それを実現していきます。周囲との関係構築力が高く、努力を惜しまないＹ・Ｅには、さらに責任ある仕事を任せ、進化成長を応援していく未来を私は見ています。

香川のアドバイス

「2」の人は元来が努力家です。Y・Eさんもコツコツとがんばり、結果を出してきました。今後、さらに活性化するには裏の「5」のバイオエネルギーを意識し、言葉を使って周りに語りかけること。「こうすればさらによくなる」と思うことは、自分の言葉で積極的に伝えていくと、会社も周りの人も進化成長させていく人財になるはずです。

第2数「3」▼仕事を努力と思わず、楽しみながら運を切り開く

●J・Sさん（バイオナンバー「134」、48歳、取締役、営業副本部長、西日本営業担当、オミクロン・メディカル ジャパン（OMJ）社長）

日本レーザーの社員は転職組が多い中、J・Sは数少ない生え抜きの1人です。大学卒業後、彼は2年間カナダに遊学していました。キャリアを考えるならば、アメリカの大学に留学して、MBA（経営管理修士）を取得してきたほうがよい、と第2数が「4」の私は思ってしまいます。しかし、「3」の彼は「異文化を体験してきたあの遊学期間があるから、仕事を努力と思わず、楽しむことができている」と言います。

ここに、「4」と「3」のまったく異なる特性が見て取れます。「4」の人はメジャー思考であり、「3」の人はマイナーなことを心底楽しめる自由さがあるのです。

この「人生を自由な気持ちで楽しむ」というJ・Sの特性は、仕事面でもおおいに発揮されています。帰国後、縁あって当社に入社してからの3年間は、実績を上げられずに苦労していましたが、「相手との心のつながりを重んじて信頼関係を築く」という自

分なりの営業哲学を築くと、メキメキと力をつけていきました。社内だけでなく同業他社の社長にもかわいがられ、また、お客様となる大学の教授にも信頼され、彼自身の人間力を活かして仕事を取ってくるようになったのです。

「3」のエネルギーを活性化させるために最も重要なのは、ルールで縛らないことです。自由で明るくて情報収集も得意な「3」の人は、型にはめられるのを嫌います。「4」の私は仕組みづくりを徹底して行っていますが、それは社員を活性化させるためで、無理やり押しつけることはしていません。それは、クレドにも明記しています。

私自身、J・Sの自主性を尊重し、活躍をサポートしてきました。彼はどんどん出世し最年少で取締役になりました。海外メーカーとの合弁会社オミクロン・メディカルジャパンの日本社長にも就任し、医療・研究レーザーの製造販売に取り組んでいます。

香川のアドバイス

J・Sさんは、「3」を活性化させ、多くの仕事を成功させてきました。今後は裏の「4」のバイオエネルギーを意識して利害関係者を味方につけ、自身の賛同者を今以上に増やしていくと、組織を構築する力が高まっていきます。「4」の近藤会長の築いたクレドを自分自身のものと考え、会社全体を見通していくことも取締役の重要な役目です。

第2数「3」▼バイオエネルギー理論で部下と良好な関係を築く

●T・Nさん（バイオナンバー「532」、44歳、次長、大阪支店長）

日本レーザーでは、毎年一人ずつ、幹部となる社員にバイオエネルギー理論のリーダー研修を受けさせています。リーダーとして、自らのエネルギーを活性化しつつ、部下の内面を読む力をつけることは、必要なスキルと考えているからです。現在、10人以上が受講していますが、そのなかでも、バイオエネルギー理論をとくに深く理解し、人生に活かしている1人が、T・Nです。

彼の部下にバイオナンバー「644」の社員がいます。その部下はかつて「仕事とプライベートは別」と完全に切り分け、働いていました。しかし、仕事には突然のトラブルに対応しなければならないこともあれば、ときにはプライベートの時間を使ってでもやり抜かなければいけないこともあります。T・Nが「君の考え方はよくないよ」と仕事のあり方をくり返し指導しても、部下は改善しようという意志を示しませんでした。

先に変わったのはT・Nのほうです。バイオエネルギー理論のリーダー研修を受けて、自分の正義を相手に伝えることとは、相手をコントロールしようとすることで、反発を生むだけと気づきました。とくに「４」の部下は根が真面目で、「正当に評価されている」という自信を原動力にします。そこでＴ・Ｎは部下に「君は本当によくやっている」とまず認め、「私は君の努力を評価しているよ」との思いを言葉にして伝えることにしました。すると、部下が前向きに仕事に取り組むようになったのです。とくに海外研修への参加をきっかけに、モチベーションを高く仕事に打ち込むようになりました。

バイオエネルギー理論を学べばトラブルの原因を明確にして、他者との関係性を良好にできます。それによって、自分だけでなく周りのエネルギーも活性化できるのです。

Ｔ・Ｎは「近い将来、取締役になり日本レーザーの発展に役立ちたい」と明言しています。会社のためと思えば本音を素直に伝える彼は、私にとって頼もしい存在です。

香川のアドバイス

Ｔ・Ｎさんはバイオエネルギー理論を学び、妻や子どもとの関係も改善させました。人が幸せを感じる原点も、人間関係の基本も家庭にあります。Ｔ・Ｎさんの裏のバイオエネルギーである「４」は基本を大事にすると活性化します。家庭も仕事も忍耐強く、妥協せず、基本を大事にしていくことで、志を成し遂げるパワーが与えられるのです。

第2数「4」▼アパレルから転職。TOEIC950点を取得

●I・Mさん（バイオナンバー「543」、32歳、係長、業務）

日本レーザーでは、ハローワークで優秀な女性を採用してきました。I・Mもその1人です。大学時代、「英語を使った仕事をしたい」と考えた彼女は、大手アパレル会社に就職。しかし、新卒で約100人も一括採用し、集団研修を行う大企業では、初年度から希望の部署に配属されることは難しいのが現実でした。「このままがまんするより、今動こう」と考えた彼女は、転職を決め、2016年に当社に入社しました。

まず事務の仕事に就きました。事務とはいえ、海外取引の多い当社では英語が必須です。まもなく、彼女は営業をしたいと希望してきました。営業ならば、外国人と直接取引することになり、英語力を活かしてさらにおもしろい仕事ができます。I・Mは就職時に850点あったTOEICの点数を950点にのばしていました。第2数が「4」のI・Mは何事も堅実に学び、知識を吸収していきます。一方で、第3数の「3」も見事に活性化させ、ニコニコと明るく穏やかな性格です。まさに営業向きの人財です。

希望の営業職に就いてから、Ｉ・Ｍはさらに熱心に英語を学び、１年間で厚い英書を10冊も読み、オンラインの英会話教室で会話力を磨き続けました。驚いたのは、英会話講師のイギリス人男性と結婚したことです。

彼女は、いつかはパートナーの母国に移り住みたいと考えています。ただ、日本レーザーを辞めたくない気持ちも強く、「どうしたらよいでしょうか」と相談されました。私は「海外駐在のコンリルタントの仕事をしたらいい」と答えました。そうすれば、日本レーザーの社員のまま、海外でおおいに活躍していくことができます。

多くの会社は、会社の都合で配属を命じます。しかし、命令では社員は幸せになれません。本人が希望し、力が十分にあるならば、志を実現させる支援をすることも、人的資本経営の重要事項です。それが会社の新たな可能性を引き出すことにもなるのです。

香川のアドバイス

「４」には、知識や情報を堅実に蓄えていく勉強熱心さがあります。ゆくゆくは海外で活躍するコンサルタントになる夢を実現させるには、レーザーの専門的な知識をより広く深く習得する必要があります。裏の「３」のバイオエネルギーを活性化させていくと、臨機応変に情報収集しながら、周りの人を自らの夢の賛同者にしていけます。

第2数「4」▼「世界の医療に貢献する」という志が原動力に

●M・Oさん（バイオナンバー「543」、32歳、副課長、名古屋営業）

M・Oも大変にユニークな経歴の持ち主です。

2013年、彼は新卒一括採用で誰もが名を知る大企業から2つも内定を取りました。そんな喜びもつかの間、実家から「お父さんが倒れた」と連絡が入ったのです。父親は長野県で自営業をしており、長男の彼は「家業を継いでほしい」と頼まれました。ところが、幸いなことに父親は回復していきました。「オレはまだがんばれる。おまえは自分の道を進め」と言われたときには、すでに内定を2つとも断ったあとでした。「どうしたものか」と就職先を探す中で、縁あって知ったのが日本レーザーです。

M・Oは突然、「面接をしてほしい」と電話をしてきました。「よい人財に出会えなければ無理して採用はしない。だが、たとえ求人を出していなくても、よい人財に出会えたら採用する」というのが私の採用方針です。この通年採用方式を取り入れているからこそ、当社は優秀な人財を採用できています。彼は、英語と作文の試験はどちらもよくできていて、適性心理分析テストＰＬＵＳからは素直な特性が読み取れました。

私は彼を営業で採用しました。入社後、文系出身の彼は、レーザーについて一から懸命に学びました。しかも、入社前は７００点程度だったＴＯＥＩＣの点数を、９８５点にものばしたのです。「４」のエネルギーは何事にも堅実で、活性化していれば、全力で努力をしていきます。その活性化したエネルギーと周りのサポートが彼を進化成長させていきました。そんな自分のことを、Ｍ・Ｏは「私は本当に運がいい」と話します。

現在は中堅社員となり、名古屋支店の営業とオミクロン・メディカルジャパンの社員という二役をこなすほどに成長しています。オミクロン・メディカルジャパンでは、光がん免疫療法など医療用レーザーを扱っています。もともと医療の分野への興味があった彼は、世界の医療に貢献できる現在の仕事に働きがいを感じてくれています。

香川のアドバイス　日本レーザーはこれまで工業用のレーザー機器を中心に扱ってきました。今後は医療業界にも広く参入していくうえでＭ・Оさんに求められるのは、裏の「3」の情報収集力と臨機応変さを発揮し、医療界に賛同者を増やすことです。医療業界という保守的な世界に深く入り込むには、「3」の明るさや柔軟性を発揮できると強い武器になります。

第2数「5」▼最高のビジネスマインドで営業成績はナンバーワン

●M・Iさん（バイオナンバー「352」、52歳、部長、営業）

日本レーザーの経営の特徴の一つが、インセンティブの仕組みです。本文でも話していますが、粗利の3パーセントを営業の報酬としています。優秀な営業マンは、役職に関係なく、取締役以上の収入を得ることも可能です。当社のような小さな会社でも、能力や実績のある優秀な人財が他へ移らない理由の1つが、海外レーザーメーカーの日本法人の営業員以上の待遇が得られる、このインセンティブ制度にあります。

M・Iは、日本レーザーでナンバーワンの営業マンです。彼の素晴らしさは、お客様の要望に応えるために徹底して研究し、解決法を見つけ出すことにあります。たとえば、輸入が難しくなっている商品を部品ベースで入手し、それを1つの商品に組み立てるビジネスモデルを構築しました。「売れるものがない」とあきらめず、売るための方法を見つけ出します。お客様へ最大限のサポートを行い、安心して買っていただくというビジネスマインドによって、お客様の信頼は厚く、抜群の協力関係を築いています。

実際、彼のように技術も人間関係の機微もわかる人財はなかなかいません。自身は海外メーカーの代理であり、日本のお客様の代理でもあるという視点を持っているのです。私自身、Ｍ・Ｉと話していると、大変に勉強になります。私が知らないこと、経験のないことをたくさん教えてくれます。「５」のエネルギーは、自分が学んだことを人に話したい気持ちが強く、話し好きな特性があります。実際、彼も、仕事や自分自身のことをよく話してくれます。

日本社会は協調性を重んじるあまり、自らをアピールする人間の評価を下げがちです。しかし、今後の日本の発展を考えれば、雇用は守るという心理的安全性を守ったうえで、平等主義を排し、Ｍ・Ｉのような人財がのびのびと働くことができ、実力に見合った収入を得られる体制を整えることが急務と私は考えるのです。

香川のアドバイス

Ｍ・Ｉさんは日本レーザーという最高の舞台で自己実現を成し遂げています。さらなる発展には、裏の「２」のバイオエネルギーの源である無償の愛を心がけること。「５」の人は新規開拓を優先させがちですが、現在の顧客との人間関係もさらに深掘りして、広くて深い人脈の構築を目指していくと、営業力がさらに磨かれていきます。

第2数「5」▼とことん学び、納得したうえで行動するパワー

●Y・Kさん（バイオナンバー「554」、44歳、次長、営業）

日本レーザーには優秀な人材が多くいますが、学歴という点でトップをいくのがY・Kです。大阪大学、東京大学大学院にストレートで入り、新卒で世界有数の総合電機メーカーの知的財産を扱う部署に配属されました。ところが、「仕事がおもしろくなかった」と退職。自らの経歴を自慢するところがまるでない彼は、日本レーザーという中小企業の求人を見つけ、「おもしろい仕事ができそう」と2006年に入社してきました。

実際、Y・Kは頭が非常によく、自分が扱うレーザー機器に関しては、自ら研究し、実演もして、注文を取り、納入まで行います。自己完結型、個人商店型のビジネスを社内で行っています。根っからの理系であるため図面を読んで手を動かして機器の仕組みを学んでいくのが、おもしろくて仕方がないのでしょう。そういう意味では、当社では数えきれないほどのレーザー機器を扱っていますから、彼にとって宝の山です。自分の好きなことを熱心に学ぶことでエネルギーを蓄え、冷静かつ論理的に判断・分析し、事

をスムーズに進めていく姿は、まさに「5」のバイオエネルギーの特性そのものです。

ただし、何でも理屈で考える特性は、自分が納得したこと以外は受け入れないという一面も生みます。「誕生日で人のエネルギーがわかるなんておかしい」とバイオエネルギー理論を端から信じません。しかも、私の経営方法に対して、「こういうところがよくない」と、人前でもズバッと理論的に指摘してきます。一社員が、トップにいわば公然と「ダメ出し」をするわけですが、私は笑顔で感謝を示しながら彼の意見をじっくり聞きます。そして、「これはいい！」と思えば、社長や全社員ともその情報を共有していきます。みなが大人しく経営者に従うだけの環境に発展はありません。多様な人財がいて、自らの意見を率直に言い合い、無視されたり非難されたりしない環境でこそダイバーシティ経営は成り立ち、誰もが働きやすい企業風土が醸成されるのです。

香川のアドバイス

Ｙ・Ｋさんは学びへの意欲が強く、近藤会長にも恐れずに物申すところは「5」のエネルギーが活性化している表れです。ここに素直さと謙虚さが加われば、最強の人財となります。「食べず嫌い」をせず、トップが熱心に取り組んでいることを素直に受け入れたうえで、元来の頭のよさを活かして理論で語ると、言葉に説得力が加わります。

第2数「6」▼失敗を恐れないチャレンジ精神こそが成功のもと

●T・Hさん（バイオナンバー「363」、52歳、執行役員、レーザー・フォトニクス部長）

T・Hが日本レーザーに入社したのは、2010年です。それ以前は、外資系も含めて3社のレーザー関連の会社を渡り歩いてきました。おもしろいもので、一度レーザーを扱う会社に入ると、多くの人が業界の中で転職をしていきます。それほど、レーザーとは営業にとって売りがいのある商品です。

ただ、同じ業界とはいえ、企業風土は会社によって異なります。それまでの会社では、一社員が自らチャレンジしていくチャンスがなかなか与えられなかったといいます。

T・Hの第2数は「6」で、失敗を恐れずチャレンジしていくことで活性化するエネルギーです。チャレンジしなければ失敗もありませんが、進化成長もできません。余計なことをし過ぎて叩かれることも過去にはあり、日本レーザーに入社して、自分の責任で仕事ができる自由さに喜びを感じたと話してくれました。

執行役員に昇進する際、T・Hはバイオエネルギー理論のリーダー研修を1年間を受けています。当時、抱えていた人間関係の悩みを相談すると、香川氏から「自分と周りのエネルギーは違うのだから、自分の思いを押し通そうとすれば、反発されるだけですよ」と言われ、衝撃を受けたそうです。自分の思う方向に周りを強制的に変えようと心の中で考えていたことに初めて気づき、気持ちが軽くなりました。以降、感謝の気持ちを持って周りと接し、良好な人間関係をスムーズに築けるようになっています。そのおかげで、彼から自然で明るい笑顔が多く見られるようになりました。

「６」は元来、面倒見がよいエネルギーです。活性化している彼の周りには人が集まります。若手社員を飲みに連れていき、話を聞くなど、利他の気持ちでサポートしています。そんな彼の夢は、『日本レーザーの仕事を通して、日本の科学技術の発展に貢献する』。今後も、志の実現に向けて新たなチャレンジをしていってくれることでしょう。

香川のアドバイス

人間関係に悩んだら、まず、自分を変える行動を積極的に起こしていくことです。「６」の場合、今までやったことのないチャレンジをしていくと、それが自身の魅力や自信になります。そのうえで裏の「１」を意識して、プラス発言で周りを徹底的に評価し、認めていくことで、難しい関係になりがちな相手ともうまくつきあえるようになります。

第2数「6」▼市役所のパート職員から転職。女性初の執行役員に

●K・Hさん（バイオナンバー「565」、50歳、マーケティング室長）

日本レーザーの女性たちはみな個性的ですが、K・Hは「日本レーザーのシンデレラガール」と私は思っています。

20代前半、体調を崩して大学院を中退した彼女は、あるレーザー商社に就職しました。結婚、出産を機に仕事を離れたものの、契約社員として復帰。２人の子育てをしながら、その会社のウェブページやカタログの制作の仕事を自宅で行っていました。しかし、会社の業績が悪化し、突然、契約を切られてしまったのです。

そのレーザー商社はまもなく倒産し、社員たちが日本レーザーに移ってきました。彼らから「レーザー商品に詳しい優秀な女性がいる」と聞き、私たちはK・Hを探しました。ようやく見つけたとき、神奈川の市役所のパート職員になっていました。

私は彼女の元上司を通じて、「一緒に仕事をしよう」と誘いました。ただ、市役所の仕事を中途半端に辞めることもできず、２人の子もまだ小学生ということもあり、K・

Ｈは「市役所のパートがない日だけ」との約束で、神奈川から新幹線で通い、１日に４時間、仕事をすることになりました。そして２０１３年、市役所の契約が切れたのを機に、日本レーザー専属になりました。ただ、自宅から往復４時間以上かけて通うのは大変ですから、リモートワークで仕事をしてもらいました。つまり、日本レーザーでは、コロナ禍になる以前からリモートワークという働き方が定着していたのです。

彼女の素晴らしさは、仕事ができるだけでなく、勉強家であるうえ、面倒見も非常によく、優しい笑顔で人をおおらかに率いていきます。バイオエネルギー「６」の特性にあるように、失敗を恐れない大胆さ、人に頼まれたことは喜んで実行する行動力は、彼女の魅力そのものです。正社員になると、販売促進部長へと出世し、今年はマーケティング室長になりました。日本レーザー初の女性執行役員になるであろう人財です。

香川のアドバイス

「５６５」とは一言で「帝王」の数字です。最強のこの数字を持つ人が高い志を示すと、ヒト・モノ・カネ・情報が自然と集まってきます。近藤会長は「１００億円企業を目指す」と公言していますが、彼女が販売促進部長としてさらなる高い志を持てば、日本レーザーはさらに拡大・発展していくはずです。

あとがき

バイオエネルギー理論は、「人」を活性化し、「組織」の可能性を最大限に引き出していくためのツールです。その使い方を、本書では、日本レーザーという独自の経営で注目を集めている会社の実例を通して伝えてきました。

日本レーザーの社員は、一人ひとりが活性化し、みなが個性的です。その個性を存分に発揮しながら、代表取締役会長である近藤宣之氏のもと、同じ方向に向かって突き進んでいます。「ある日突然、数億円、時には20億円もの売上のある商権を失うことが30件以上あった」という厳しいビジネスモデルでありながら、この30年間1度も赤字を出さずにきた強さとは、社員たちが活性化していることに大きな理由があります。

近藤氏は、20年間バイオエネルギー理論を経営に活用してきました。

カリスマ経営者と呼ばれる近藤氏も、経営に頭を抱えることがたびたびあります。そんなときほど、自分の中にいまだ進化成長できていない気づきがあるとプラス発想をし、笑顔で社員と語らう時間を持ちます。経営者が自らのエネルギーをとことん活性化させ、そのエネルギーを注いでいってこそ社員を活性化できることを、20年間の学びを通して熟知しているからです。

それでも、学ぶたびに新たな気づきがあると毎回、伝えてくれます。

「香川会長、バイオエネルギー理論とは、まさに意識の学問ですね」

と言いました。その通りです。意識は、本文でも伝えたように、無限の可能性を秘めた無意識の世界をコントロールするためのハンドルです。意識は、言葉に現れます。**経営者がどんな言葉を使って社員に語りかけるかによって意識のハンドルはいかようにも切られ、会社そのものが変わっていく**のです。

私はこれまで、経営コンサルタントとして多くの経営者のトレーニングを行ってきました。その際、真っ先に話すのは、

「経営とは、経営者が思った通りになる」

ということです。最初は、「そんなに簡単なものじゃないよ」とみな反発します。ですが、経営者の意識がプラスに向けば、プラスのことが引き寄せられます。マイナスを

口にすれば、トラブルが起こります。意識のハンドルが切られることで、無意識が「それを望んでいる」と思うからです。

バイオエネルギー理論を学び続けていると誰もがそのことを実感し、プラスにハンドルを切る方法をつかんでいきます。

「プラス思考をし、マイナスは思わない・考えない・言わない」

これが黄金ルールの12個目です。非常に高度な黄金ルールです。「マイナスを言わない」は自ら意識することで、大変に難しいことであっても変えていくことはできます。しかし、「マイナスは思わない・考えない」は相当に難題です。悪いことを想像することは、人間の脳の反応の一種だからです。では、どうするとよいでしょうか。

ベックスコーポレーションでは、**「意識と無意識を融合させて、不可能を可能にするトレーニングプログラム」**を当社の会員に提供しています。

本来、意識の世界と無意識の世界は、エネルギーが流れない仕組みになっています。意識と無意識とはエネルギーが融合しないがために、さまざまな葛藤が起こり、人は思い通りにならない出来事に悩まされるのです。

そこでバイオエネルギー理論では、意識のエネルギーを転換させて無意識に融合するシステムを導入することにより、**意識と無意識を一体化させる**ことを可能としました。

それを実施するにあたっては、日々のトレーニングが必要です。毎日10分間のトレーニングを行うことで、無意識のエネルギーが意識の味方になって、だんだん物事が思い通りになっていきます。まさに不可能が可能になる人生が築かれるのです。

このトレーニングを実践していると、マイナスが頭に浮かんだときに、即座に「なんとかなる」と楽観的な言葉で意識のハンドルをプラスに切れるようになります。「なんとかなる」という言葉をスイッチにしてプラスの未来を想定できれば、志の実現に向けて無限のエネルギーが与えられるのです。

私が多くの企業経営者の教育研修トレーニングを行ってきたなかで、1つはっきりとわかったことがあります。

経営者には、ツキを引き寄せられる人と、ツキを逃していく人がいます。

この違いこそ、黄金ルールの12個目を実践できているかどうかです。

とくに**「自分は本当に運がいい人間なんですよ」と常々言葉にしている人ほど、大事**

な場面でツキを引き寄せます。そのうえで、無意識と意識を融合させ続ける経営者は、どんどん運が開いていきます。

それほど、意識のハンドルの力は強力なのです。

繰り返しますが、経営とは経営者が思った通りになります。

もしも今、経営状態がよくない、あるいは社員が思うように動かないなどの悩みを抱えているのならば、経営者がまずは自らの第2数の状況をチェックしてみてください。

「思うようにならない状況」は経営者の意識がつくり出しています。周りの世界は、すべて自分が引き寄せた結果です。今日から経営者がプラスに意識のハンドルを切れば、会社は必ず変わっていきます。近藤氏自身も「30年間で30社以上の商権を失ってきた」という厳しいビジネスモデルを今は「仕方のないこと」と受け入れていますが、ここで「1社1社との長い取引を守っていく」と一度、意識のハンドルをしっかりと切れば、ビジネスモデルそのものが変わっていくはずです。

バイオエネルギー理論を理解すればエネルギーを活性化する方法がわかります。

本書は、1回読んだだけでは理解できないことも多いと思います。

「聞いただけで行動に移せる人は天才」です。経営のカリスマと言われる近藤氏も、20年間学び続けていても日々新たな発見がある、と言うほどです。そして、私も同様です。

本書を繰り返し読んでいくことで、なぜ今、この出来事が起こっているのか、明確に読み取れるようになります。すると、次にどのようにエネルギーを活性化させていくと、志を成し遂げる一歩になるか、大切な気づきが得られます。

近藤氏のようにバイオエネルギー理論を全面的に採用している会社は多く、いずれも日本レーザーのように優れた結果を出しています。

経営者が変われば、社員は必ず変わり、会社を発展させます。そのことを信じて「よいことは周りのおかげ」と感謝し、「悪いことは自分の責任」と絶対的な当事者意識を持って経営していけば、活性化したエネルギーが売上という数字になって表れます。

バイオエネルギー理論が多くの会社の経営に役立ち、世界を発展させる力の礎となっていくことが、私自身の夢と志なのです。

株式会社ベックスコーポレーション　代表取締役会長　香川哲

バイオエネルギー理論「黄金ルール」

ルール1 自分が人からしてほしいと望むことを、人にやってはいけない。相手が望むことを確認して実行する（➡20ページ）

ルール2 自分が変われば、周りが変わり、未来が変わる（➡23ページ）

ルール3 私たちは、「この日、この宇宙のエネルギーを受けるために、この親を選んで誕生する」と自ら決めて生まれてきた（➡57ページ）

ルール4 周りで起こるすべての出来事は、自分が引き寄せ、自分がつくった世界（➡60ページ）

ルール5 成功は周りのおかげ。失敗は自分の責任（➡64ページ）

ルール6 相手は気づきを与えてくれる存在なので、相手を変えようとしない（➡137ページ）

ルール7 周りで起こることは、すべて自分へのメッセージであると受け入れる。周りはすべて自分が引き寄せ、自分がつくりあげた世界である。自分が気づいて自己修正すれば、周りの世界は変わる （➡149ページ）

ルール8 何事も他人事と考えず、当事者意識を持って対処する （➡157ページ）

ルール9 人には、「トラブルから気づきを得る人間」と「トラブルを起こして気づきを与える人間」がいる。気づきを与えてくる人は、自分自身が進化成長するために引き寄せた人財で、ありがたい存在なのである （➡163ページ）

ルール10 無意識の世界は、乗り越えられないトラブルは起こさない。なぜなら、トラブルは自分自身を進化成長させるためのメッセージだからだ （➡166ページ）

ルール11 去る者は追わず、来る者は拒まず、選んで受け入れる （➡179ページ）

ルール12 プラス思考をし、マイナスは思わない・考えない・言わない （➡220ページ）

CREDO

株式会社
日本レーザーにおける

働き方の契約書

第5版（2024年1月）

Ⅰ．経営としての約束

1．幸福な人生に大切なこと

（1）誰かに必要とされることです。

（2）誰かを助けることです。

（3）誰かに感謝されることです。

（4）誰かから愛されることです。

2．経営理念

（1）私たちにとって最も大切な資産は人財です。
人を最も尊重しています。

（2）雇用は安定した人生にとって
重要な基礎となるものです。

（3）仲間とともに生き生きと働けるワクワクした環境を
設け、JLC（株式会社日本レーザー）社員の
幸福を実現します。

3．仕事における幸福度の要因

私たちは社員の幸福度を向上させるために
あらゆる努力をします。
社員の幸福度には三つの要因が作用します。
幸福度を高めるため、私たちはこれらすべてを
育成せねばなりません。

（1）企業風土
ワクワクした職場や生き生きとして働けることは、
企業風土を活性化することで実現できます。

（2）誇り
私たちの会社、経営陣、仲間、優れた商品やサービスに、
私たちは大きな誇りをもっています。

（3）能力と業績
能力、競争力、知識等に各人が熟達することこそ、
存続するために必要な私たちの武器です。
企業として常に黒字であることが、
雇用を保障する大切な条件です。

4. 企業の使命

(1) 私たちは、世界の光技術を通じてお客様やパートナーとの共存共栄を実現し、さまざまな科学技術と産業の発展に貢献します。

(2) 私たちは、お客様に“光によるソリューション”を提供します

(3) 私たちは、人々を雇用して働くことの喜びを提供します。

(4) 私たちは、社員に成長とキャリア形成への豊富な機会を提供します。

(5) 私たちは、年齢、性別、学歴、人種、宗教や国籍等に係わらず、JLCに働くすべての人たちに、知性、資産、精神を豊かにしつつ専門性も高めるための優れた環境と機会を提供します。

(6) 私たちは、海外サプライヤーとの相互に繁栄できる交流を通じて、世界の人々と草の根の交流を推進し、異文化理解と世界平和に寄与します。

5．私たちの未来ビジョン

(1) 高齢化社会が進む日本の中で変化し続ける世界に直面する私たちは、限られた資源や責任を分かち合うために、お互いに助けあうことが必要と認識しています。

(2) 21世紀は光の時代であり、私たちは光技術を活用して、諸問題の解決とより良い生活の実現のために努力していきます。

(3) 私たちのビジネスの場は、理科学市場、産業市場だけでなく、環境、医療にも展開していきます。

(4) JLCが目指す市場は日本だけでなく、東アジアにも注力していきます。

(5) JLCは50億円（￥100／$）の年間売上を2021年に達成し、60億円以上の売上を2022年、2023年に達成しました。近い将来75億円を成し遂げます。

(6) JLCグループは、長期的にはJLCホールディング傘下に数社の企業を加えることで100億円（￥100/$）の年間売上を目指します。

6．私たちの経営指針

(1) JLCは、事業を成功させるために、独自の企業としての使命、経営哲学、経営方針や企業文化を十分活用していく会社です。

(2) 私たちはJLCで働くすべての人々に、会社の経営哲学や価値観を理解してもらうように努力します。

(3) 私たちの役割と意図は、会社の指針を例示し、個々の社員の成長を支援することで、特別なやり方を無理矢理押し付けるものではありません。

7．経営の原則（CSより先にES）

(1) 社員の成長が会社の成長です。

(2) お客様満足より、社員と家族の満足が第一です。

(3) 自分たちの会社や同僚、供給する製品やサービスに社員が満足しなければ、決してお客様を満足させることはできません。

(4) 待遇や与えられた機会に社員が感謝していなければ、お客様と楽しさを分かつこともできません。

8．経営陣の決意

⑴ 課長、部長、役員、社長をはじめとした幹部は、常に明るい笑顔で社員に接します。
⑵ 私たちは、常に社員の仕事を称え、社員を励まします。
⑶ 私たちは、仕事と生活の両面で社員の成長を手助けします。
⑷ 私たちの周りのできごとは、私たちへの「気付き」（メッセージ）です。
⑸ 問題が起こった時には、まず「有難うございます」と言います。
⑹ 自分の全ての言動に責任を持ち、他人を決して非難しません。
⑺ あらゆるトラブル（「気付き」）は私たちの成長の糧です。
⑻ 私たちの言動は、役立つこともあれば、トラブルを生むこともあります。

9. 経営者としての行動規範

(1) 周りで起こることは、すべて自分が引き寄せ、
自分が作り上げた世界である。自分が気づき、
自己修正すれば、周りの世界は変わる。

(2) 嫌なことやトラブルが起きたときには、
「有難うございます。気づきました」と瞬時に言う。

(3) 自分の問題点・改善点を素直に認め、修正する。

(4) プラス思考をし、マイナスは思わない・考えない・言わない。

(5) 良い話は伝え、自慢話は控える。

(6) 注意や指摘をしてくれる人を大事にする。

(7) 夢や志を高く持ち、品のある言動を心掛ける。

(8) 起こりうるあらゆる可能性を想定する。

(9) 物事がうまくいっている時にこそ、周りに感謝する。

(10) 周りから見た自分を常に意識する。

(11) 明るく楽しく笑顔で人に接する。

(12) 自分の周りはすべてお客様だと思い、
配偶者など身近な人を大事にする。

(13) 癒しや部下のためにお金を使う。

(14) 両親、祖父母、ご先祖様を大切にする。

1. 社員としての基本

(1) 時間と期限を守ります。
(2) 発言と約束を守ります。
(3) 整理整頓をします。
(4) お金とリスクの管理をキチンとします。
(5) 周りの人への感謝を忘れません。
(6) 粘り強く勤勉に働きます。

2. 経営理念を体現する人財の条件

(1) いつも笑顔を持ち続け、皆を応援します。
(2) 生命を受け、今を生き、仕事できることを、皆に心から感謝します。
(3) 個人の成長と自己実現のために学び続けていきます。
(4) 自分自身のためだけではなく、他人のためにも働きます。
(5) いかなる問題も自分自身にあると認め、その解決に全力を尽くします。

3. 行動規範

(1) 研ぎ澄ました感覚で情報をキャッチし、その伝達を素早く行います。
(2) どんな状況下でも、柔軟に臨機応変にプロの態度で変化に対応します。
(3) 事実を学んで真実全体を探求する努力を続けます。
(4) 先入観や偏見無しに誰とでも、いつでも明るく笑顔で接します。
(5) 仕事では、全体像を俯瞰して、誰にもわかる平易な言葉で説明します。

4. リーダーの指針

(1) 情報に基づき素早く判断し、良い結果が出ると思われる
　行動を取ります。
(2) 自らの目的達成のために、他人に頼ることはしません。
(3) 問題を解決するために、矛盾なく明瞭かつ論理的に考えます。
(4) 現状に甘んじることなく、意識改革に努め、
　習慣や態度を常に改善することで、自分自身を発展させ、
　進化させます。
(5) ビジネスにおいては積極的な態度を維持し、
　常に相手を讃えます。
(6) 自分の信念、情熱そして人生のビジョンを終身維持します。
(7) 危機が起こっても、「なんとかなる」と楽観的に対処します。

5. 私の基本的価値観

(1) 幸せへは条件も手段もありません。
　幸せへの努力過程こそが幸せです。
(2) 私は、「今、ここ、自分」を意識して生きます。
(3) 私は、過去に起こったことに対して
　いつまでもクヨクヨしません。
(4) 私は、未来に起こるかも知れないことを
　アレコレ心配しません。
(5) 私は、「今、ここ」にある自分の仕事に集中して
　全力を尽くします。
(6) 私たちの人生は、全て私たち次第です。
(7) 私は、自分の人生、全ての状況に責任を負っています。
(8) 常に浮き沈みがあるのが人生です。
(9) 最後に重要なのは、人生では２点間の最短経路は
　直線ではないことです。

表A バイオナンバー第1数早見表

西暦	第1数	西暦	第1数	西暦	第1数	西暦	第1数	西暦	第1数
1900年	4	1930年	4	1960年	4	1990年	4	2020年	4
1901年	5	1931年	5	1961年	5	1991年	5	2021年	5
1902年	6	1932年	6	1962年	6	1992年	6	2022年	6
1903年	1	1933年	1	1963年	1	1993年	1	2023年	1
1904年	2	1934年	2	1964年	2	1994年	2	2024年	2
1905年	3	1935年	3	1965年	3	1995年	3	2025年	3
1906年	4	1936年	4	1966年	4	1996年	4	2026年	4
1907年	5	1937年	5	1967年	5	1997年	5	2027年	5
1908年	6	1938年	6	1968年	6	1998年	6	2028年	6
1909年	1	1939年	1	1969年	1	1999年	1	2029年	1
1910年	2	1940年	2	1970年	2	2000年	2	2030年	2
1911年	3	1941年	3	1971年	3	2001年	3	2031年	3
1912年	4	1942年	4	1972年	4	2002年	4	2032年	4
1913年	5	1943年	5	1973年	5	2003年	5	2033年	5
1914年	6	1944年	6	1974年	6	2004年	6	2034年	6
1915年	1	1945年	1	1975年	1	2005年	1	2035年	1
1916年	2	1946年	2	1976年	2	2006年	2	2036年	2
1917年	3	1947年	3	1977年	3	2007年	3	2037年	3
1918年	4	1948年	4	1978年	4	2008年	4	2038年	4
1919年	5	1949年	5	1979年	5	2009年	5	2039年	5
1920年	6	1950年	6	1980年	6	2010年	6	2040年	6
1921年	1	1951年	1	1981年	1	2011年	1	2041年	1
1922年	2	1952年	2	1982年	2	2012年	2	2042年	2
1923年	3	1953年	3	1983年	3	2013年	3	2043年	3
1924年	4	1954年	4	1984年	4	2014年	4	2044年	4
1925年	5	1955年	5	1985年	5	2015年	5	2045年	5
1926年	6	1956年	6	1986年	6	2016年	6	2046年	6
1927年	1	1957年	1	1987年	1	2017年	1	2047年	1
1928年	2	1958年	2	1988年	2	2018年	2	2048年	2
1929年	3	1959年	3	1989年	3	2019年	3	2049年	3

■ うるう年

表B(1) 第1数が［1］の場合

日＼月	1	2	3	4	5	6	7	8	9	10	11	12
1	123	134	112	134	134	145	145	156	161	161	112	112
			123									
2	134	145	134	145	145	156	156	161	112	112	123	123
3	145	156	145	156	156	161	161	112	123	123	134	134
4	156	161	156	161	161	112	112	123	134	134	145	145
5	161	112	161	112	112	123	123	134	145	145	156	156
6	112	123	112	123	123	134	134	145	156	156	161	161
7	123	134	123	134	134	145	145	156	161	161	112	112
8	134	145	134	145	145	156	156	161	112	112	123	123
9	145	156	145	156	156	161	161	112	123	123	134	134
10	156	161	156	161	161	112	112	123	134	134	145	145
11	161	112	161	112	112	123	123	134	145	145	156	156
12	112	123	112	123	123	134	134	145	156	156	161	161
13	123	134	123	134	134	145	145	156	161	161	112	112
14	134	145	134	145	145	156	156	161	112	112	123	123
15	145	156	145	156	156	161	161	112	123	123	134	134
16	156	161	156	161	161	112	112	123	134	134	145	145
17	161	112	161	112	112	123	123	134	145	145	156	156
18	112	123	112	123	123	134	134	145	156	156	161	161
19	123	134	123	134	134	145	145	156	161	161	112	112
20	134	145	134	145	145	156	156	161	112	112	123	123
21	145	156	145	156	156	161	161	112	123	123	134	134
22	156	161	156	161	161	112	112	123	134	134	145	145
23	161	112	161	112	112	123	123	134	145	145	156	156
24	112	123	112	123	123	134	134	145	156	156	161	161
25	123	134	123	134	134	145	145	156	161	161	112	112
26	134	145	134	145	145	156	156	161	112	112	123	123
27	145	156	145	156	156	161	161	112	123	123	134	134
28	156	161	156	161	161	112	112	123	134	134	145	145
29	161	112	161	112	112	123	123	134	145	145	156	156
30	112		112	123	123	134	134	145	156	156	161	161
31	123		123		134		145	156		161		112

うるう年生まれの方は ▒▒ を見てください

表B(2) 第1数が［2］の場合

日＼月	1	2	3	4	5	6	7	8	9	10	11	12
1	224	235	213	235	235	246	246	251	262	262	213	213
			224									
2	235	246	235	246	246	251	251	262	213	213	224	224
3	246	251	246	251	251	262	262	213	224	224	235	235
4	251	262	251	262	262	213	213	224	235	235	246	246
5	262	213	262	213	213	224	224	235	246	246	251	251
6	213	224	213	224	224	235	235	246	251	251	262	262
7	224	235	224	235	235	246	246	251	262	262	213	213
8	235	246	235	246	246	251	251	262	213	213	224	224
9	246	251	246	251	251	262	262	213	224	224	235	235
10	251	262	251	262	262	213	213	224	235	235	246	246
11	262	213	262	213	213	224	224	235	246	246	251	251
12	213	224	213	224	224	235	235	246	251	251	262	262
13	224	235	224	235	235	246	246	251	262	262	213	213
14	235	246	235	246	246	251	251	262	213	213	224	224
15	246	251	246	251	251	262	262	213	224	224	235	235
16	251	262	251	262	262	213	213	224	235	235	246	246
17	262	213	262	213	213	224	224	235	246	246	251	251
18	213	224	213	224	224	235	235	246	251	251	262	262
19	224	235	224	235	235	246	246	251	262	262	213	213
20	235	246	235	246	246	251	251	262	213	213	224	224
21	246	251	246	251	251	262	262	213	224	224	235	235
22	251	262	251	262	262	213	213	224	235	235	246	246
23	262	213	262	213	213	224	224	235	246	246	251	251
24	213	224	213	224	224	235	235	246	251	251	262	262
25	224	235	224	235	235	246	246	251	262	262	213	213
26	235	246	235	246	246	251	251	262	213	213	224	224
27	246	251	246	251	251	262	262	213	224	224	235	235
28	251	262	251	262	262	213	213	224	235	235	246	246
29	262	213	262	213	213	224	224	235	246	246	251	251
30	213		213	224	224	235	235	246	251	251	262	262
31	224		224		235		246	251		262		213

うるう年生まれの方は ［網掛け］ を見てください

表B(3) 第1数が［3］の場合

日＼月	1	2	3	4	5	6	7	8	9	10	11	12
1	325	336	314 325	336	336	341	341	352	363	363	314	314
2	336	341	336	341	341	352	352	363	314	314	325	325
3	341	352	341	352	352	363	363	314	325	325	336	336
4	352	363	352	363	363	314	314	325	336	336	341	341
5	363	314	363	314	314	325	325	336	341	341	352	352
6	314	325	314	325	325	336	336	341	352	352	363	363
7	325	336	325	336	336	341	341	352	363	363	314	314
8	336	341	336	341	341	352	352	363	314	314	325	325
9	341	352	341	352	352	363	363	314	325	325	336	336
10	352	363	352	363	363	314	314	325	336	336	341	341
11	363	314	363	314	314	325	325	336	341	341	352	352
12	314	325	314	325	325	336	336	341	352	352	363	363
13	325	336	325	336	336	341	341	352	363	363	314	314
14	336	341	336	341	341	352	352	363	314	314	325	325
15	341	352	341	352	352	363	363	314	325	325	336	336
16	352	363	352	363	363	314	314	325	336	336	341	341
17	363	314	363	314	314	325	325	336	341	341	352	352
18	314	325	314	325	325	336	336	341	352	352	363	363
19	325	336	325	336	336	341	341	352	363	363	314	314
20	336	341	336	341	341	352	352	363	314	314	325	325
21	341	352	341	352	352	363	363	314	325	325	336	336
22	352	363	352	363	363	314	314	325	336	336	341	341
23	363	314	363	314	314	325	325	336	341	341	352	352
24	314	325	314	325	325	336	336	341	352	352	363	363
25	325	336	325	336	336	341	341	352	363	363	314	314
26	336	341	336	341	341	352	352	363	314	314	325	325
27	341	352	341	352	352	363	363	314	325	325	336	336
28	352	363	352	363	363	314	314	325	336	336	341	341
29	363	314	363	314	314	325	325	336	341	341	352	352
30	314		314	325	325	336	336	341	352	352	363	363
31	325		325		336		341	352		363		314

うるう年生まれの方は　　　を見てください

表B(4) 第1数が［4］の場合

日＼月	1	2	3	4	5	6	7	8	9	10	11	12
1	426	431	415 426	431	431	442	442	453	464	464	415	415
2	431	442	431	442	442	453	453	464	415	415	426	426
3	442	453	442	453	453	464	464	415	426	426	431	431
4	453	464	453	464	464	415	415	426	431	431	442	442
5	464	415	464	415	415	426	426	431	442	442	453	453
6	415	426	415	426	426	431	431	442	453	453	464	464
7	426	431	426	431	431	442	442	453	464	464	415	415
8	431	442	431	442	442	453	453	464	415	415	426	426
9	442	453	442	453	453	464	464	415	426	426	431	431
10	453	464	453	464	464	415	415	426	431	431	442	442
11	464	415	464	415	415	426	426	431	442	442	453	453
12	415	426	415	426	426	531	431	442	453	453	464	464
13	426	431	426	431	431	442	442	453	464	464	415	415
14	431	442	431	442	442	453	453	464	415	415	426	426
15	442	453	442	453	453	464	464	415	426	426	431	431
16	453	464	453	464	464	415	415	426	431	431	442	442
17	464	415	464	415	415	426	426	431	442	442	453	453
18	415	426	415	426	426	431	431	442	453	453	464	464
19	426	431	426	431	431	442	442	453	464	464	415	415
20	431	442	431	442	442	453	453	464	415	415	426	426
21	442	453	442	453	453	464	464	415	426	426	431	431
22	453	464	453	464	464	415	415	426	431	431	442	442
23	464	415	464	415	415	426	426	431	442	442	453	453
24	415	426	415	426	426	431	431	442	453	453	464	464
25	426	431	426	431	431	442	442	453	464	464	415	415
26	431	442	431	442	442	453	453	464	415	415	426	426
27	442	453	442	453	453	464	464	415	426	426	431	431
28	453	464	453	464	464	415	415	426	431	431	442	442
29	464	415	464	415	415	426	426	431	442	442	453	453
30	415		415	426	426	431	431	442	453	453	464	464
31	426		426		431		442	453		464		415

うるう年生まれの方は［網掛け］を見てください

表B(5) 第1数が［5］の場合

日＼月	1	2	3	4	5	6	7	8	9	10	11	12
1	521	532	516	532	532	543	543	554	565	565	516	516
			521									
2	532	543	532	543	543	554	554	565	516	516	521	521
3	543	554	543	554	554	565	565	516	521	521	532	532
4	554	565	554	565	565	516	516	521	532	532	543	543
5	565	516	565	516	516	521	521	532	543	543	554	554
6	516	521	516	521	521	532	532	543	554	554	565	565
7	521	532	521	532	532	543	543	554	565	565	516	516
8	532	543	532	543	543	554	554	565	516	516	521	521
9	543	554	543	554	554	565	565	516	521	521	532	532
10	554	565	554	565	565	516	516	521	532	532	543	543
11	565	516	565	516	516	521	521	532	543	543	554	554
12	516	521	516	521	521	532	532	543	554	554	565	565
13	521	532	521	532	532	543	543	554	565	565	516	516
14	532	543	532	543	543	554	554	565	516	516	521	521
15	543	554	543	554	554	565	565	516	521	521	532	532
16	554	565	554	565	565	516	516	521	532	532	543	543
17	565	516	565	516	516	521	521	532	543	543	554	554
18	516	521	516	521	521	532	532	543	554	554	565	565
19	521	532	521	532	532	543	543	554	565	565	516	516
20	532	543	532	543	543	554	554	565	516	516	521	521
21	543	554	543	554	554	565	565	516	521	521	532	532
22	554	565	554	565	565	516	516	521	532	532	543	543
23	565	516	565	516	516	521	521	532	543	543	554	554
24	516	521	516	521	521	532	532	543	554	554	565	565
25	521	532	521	532	532	543	543	554	565	565	516	516
26	532	543	532	543	543	554	554	565	516	516	521	521
27	543	554	543	554	554	565	565	516	521	521	532	532
28	554	565	554	565	565	516	516	521	532	532	543	543
29	565	516	565	516	516	521	521	532	543	543	554	554
30	516		516	521	521	532	532	543	554	554	565	565
31	521		521		532		543	554		565		516

うるう年生まれの方は ［網掛け］ を見てください

表B(6) 第1数が［6］の場合

日＼月	1	2	3	4	5	6	7	8	9	10	11	12
1	622	633	611 622	633	633	644	644	655	666	666	611	611
2	633	644	633	644	644	655	655	666	611	611	622	622
3	644	655	644	655	655	666	666	611	622	622	633	633
4	655	666	655	666	666	611	611	622	633	633	644	644
5	666	611	666	611	611	622	622	633	644	644	655	655
6	611	622	611	622	622	633	633	644	655	655	666	666
7	622	633	622	633	633	644	644	655	666	666	611	611
8	633	644	633	644	644	655	655	666	611	611	622	622
9	644	655	644	655	655	666	666	611	622	622	633	633
10	655	666	655	666	666	611	611	622	633	633	644	644
11	666	611	666	611	611	622	622	633	644	644	655	655
12	611	622	611	622	622	633	633	644	655	655	666	666
13	622	633	622	633	633	644	644	655	666	666	611	611
14	633	644	633	644	644	655	655	666	611	611	622	622
15	644	655	644	655	655	666	666	611	622	622	633	633
16	655	666	655	666	666	611	611	622	633	633	644	644
17	666	611	666	611	611	622	622	633	644	644	655	655
18	611	622	611	622	622	633	633	644	655	655	666	666
19	622	633	622	633	633	644	644	655	666	666	611	611
20	633	644	633	644	644	655	655	666	611	611	622	622
21	644	655	644	655	655	666	666	611	622	622	633	633
22	655	666	655	666	666	611	611	622	633	633	644	644
23	666	611	666	611	611	622	622	633	644	644	655	655
24	611	622	611	622	622	633	633	644	655	655	666	666
25	622	633	622	633	633	644	644	655	666	666	611	611
26	633	644	633	644	644	655	655	666	611	611	622	622
27	644	655	644	655	655	666	666	611	622	622	633	633
28	655	666	655	666	666	611	611	622	633	633	644	644
29	666	611	666	611	611	622	622	633	644	644	655	655
30	611		611	622	622	633	633	644	655	655	666	666
31	622		622		633		644	655		666		611

うるう年生まれの方は［網掛け］を見てください

経営者勉強会についてはコチラ

株式会社ベックスコーポレーションでは30年以上にわたり、バイオエネルギー理論を活用した、経営者向けの勉強会を実施しています。ご興味のある方は左のQRコードからお問い合わせください。

https://www.becs.co.jp/bioenergy/seminar/manager.html

アプリダウンロードはコチラ

バイオエネルギー理論とバイオナンバーについて、さらに詳しく知りたい方はこのQRコードを読みとっていただくと、株式会社ベックスコーポレーションが提供するBIONUMBERアプリを無料でダウンロードできます。

「適性心理分析テストPLUS®」についてはコチラ

30年以上、延べ10万人以上の方々にご利用いただいている適性心理分析テスト。バイオナンバーを基に作成され、興味の領域など複数の項目に関して分析されます。あらゆる角度から個々の診断コメントが表記されます。

近藤宣之（こんどう・のぶゆき）
株式会社日本レーザー代表取締役会長。人を大切にする経営学会副会長。東京商工会議所多様な人材活躍委員会共同委員長。バイオナンバーは644。慶應義塾大学工学部卒、日本電子入社。28歳のとき、労働組合執行委員長に推され11年間務める。取締役米国法人支配人などを経て赤字会社や事業を再建。その手腕が評価され、1994年、債務超過に陥った子会社の日本レーザー社長に就任。2007年、社員のモチベーションを高める視点から、ファンドを入れずに（社員からの出資と銀行からの長期借入金のみ）、派遣社員・パート社員を除く現在の役員・正社員・嘱託社員が株主となる日本初のMEBOで親会社から独立。2018年3月から現職。令和3年秋の叙勲で、中小企業の振興に貢献したとして、旭日単光章を受賞。第1回「日本でいちばん大切にしたい会社」大賞の「中小企業庁長官賞」、第3回「ホワイト企業大賞」など受賞多数。著書に『ありえないレベルで人を大切にしたら23年連続黒字になった仕組み』（ダイヤモンド社）、『ビジネスマンの君に伝えたい40のこと』（あさ出版）など。

香川哲（かがわ・さとる）
株式会社ベックスコーポレーション代表取締役会長。香川県出身。バイオナンバー666。株式会社ベックスコーポレーション創業者であり、バイオエネルギー理論の発明・開発者。全国の経営者を対象とした「人と企業のマネジメント」を行うコンサルタントとして活躍中。主な著書に『自己革命-36タイプ別セルフ-マネジメント戦略』（ダイヤモンド社）、『「バイオエネルギー理論」で人生を変える』『「バイオナンバー」で人の内面を読む』（ワニブックス【PLUS】新書）など。

人を活性化する経営
「バイオエネルギー理論」実践編

著者 近藤宣之
香川 哲

2023年11月5日 初版発行

発行者 佐藤俊彦
発行所 株式会社ワニ・プラス
〒150-8482
東京都渋谷区恵比寿4-4-9 えびす大黒ビル7F
発売元 株式会社ワニブックス
〒150-8482
東京都渋谷区恵比寿4-4-9 えびす大黒ビル
装丁 橘田浩志（アティック）
柏原宗績
編集協力 江尻幸絵
DTP 株式会社ビュロー平林
印刷・製本所 大日本印刷株式会社

ISBN 978-4-8470-6214-8
ワニブックスHP https://www.wani.co.jp